comeとgoでここまで言える

ホワイトハウスの英語塾

根岸 裕 著

大修館書店

はじめに

　「山椒は小粒で…」というのは，小さいものでも侮れないことのたとえとして使いますが，英語の最も基本的な動詞である come と go についても，そのことわざがぴったり当てはまるということを，英文記者やエディターを25年近くも勤めたこのごろになって痛感するようになりました。come と go の場合は，野球選手にたとえて，小柄なのにその守備範囲が限りなく広い，と表現する方が適切かも知れません。
　和←→英訳で，その一例をお見せしましょう。

　「この5年間のわが社の業績の伸びはめざましく，誇りとするところであります。」

⇩ ⇧

"We're proud of where we've come, compared with where we were five years ago."

日本語と比べて，英語がやけにやさしい，と感じる方も多いと思います。「業績」や「伸び」はどこへいった，という質問も飛んできそうです。しかし，こうした英語が，日本語の例文のような意味で，実際に，広く使われているのです。
　英文から日本語に直訳すれば，「5年前にわれわれがいた場所〔状況〕と比べ，ここまでやって来たのは，誇りに感じます」とでもなるでしょうか。
　たとえば，業績不振の会社があったとして，その責任をとって首

脳陣が交代し，その後，5年がかりで業績がすっかり回復したとします。いまや優良企業と呼ばれるまでに大変身をとげたその会社の社長さんが，この5年間を振り返って，英語で発言するとしたら，例文のような言い回しになるのです。和英辞典で探し出してきた「業績，実績」にあたる performance が漢字的表現だとすれば，同じ意味の where we've come は「大和ことば風」ということになるでしょうか。

タネ明かしをすると，この英文はクリントン前米大統領の演説から引用しました。原文は five years ではなく，eight years でした。大統領2期目の任期も余すところあと数か月というころの発言で，民主党政権下の8年間を振り返り，実績を自画自賛したわけです。

今度はブッシュ大統領の出番です。go を次のように使っています（→ p. 21 参照）。

I believe that we can have (natural gas) exploration and sound environmental policy go hand in hand.

exploration は天然資源などの「探査，開発」で，この事例では前後関係から天然ガスの採掘〔開発〕を指します。sound environmental policy は「正しい環境（保護）政策」。この両者が go hand in hand（手に手をとって行く）というのですから，「両立できる」と言いたいのでしょう。ブッシュ大統領はこのくだりを，I believe we can do both. （両方とも可能だ），つまり，環境政策を犠牲にすることなく，天然ガスを開発できる，とも言い換えています。

本書の編さんを思い立ったのは，わたくしの長年の経験から，come と go という2つの基本動詞を駆使できれば，英語表現にダイナミズムを吹き込むことができる，との確信を持つに至ったからです。難しい単語は覚えなくて結構，などというムチャを言うつもりは毛頭ありません。ある程度の語彙を身につける必要性を認めた

はじめに

上で，comeやgoに代表される基本動詞が秘めた「潜在能力」と「守備範囲」の広さにもう少し注目し，大いに活用しよう，というのが本書のねらいです。

本書ではcomeとgoプラス，使用頻度の高い熟語を選び，それらを手掛かりに，ふたつのことばの世界を探索します。英語を母国語としている人々にとっては，ごくありふれたcomeとgoを使った表現が，日本語の世界を通過する過程で，どれほど大きな広がりを持つようになるか（換言すれば，そうしたやさしそうに見える表現が，日本人の英語学習者にとって使いこなすのがいかに難しいか）。上記のたった2つの事例からも十分にご推測いただけると思います。

ためしに，手元の英和辞典を開けて見てください。中型の辞典でもcomeとgoの説明はいずれも3～4ページに及んでいるはずです。これに対し，米国で出版されている米国人向けの，いわゆる英英辞典でのcomeとgoの扱いは意外なほどそっけないものです。わたくしが使っているRandom HouseのCollege Dictionaryではcomeの解説は3分の1ページ，goは半ページほどしかありません。英和辞典では実にその6～7倍のスペースをさいているのです。これは，この2つの英単語が，日本語に変換された結果，表現の領域を飛躍的に拡大したためにほかなりません。

表題からもお分かりいただけるように，本書で取り上げた例文の多くは米大統領のスピーチや記者会見，大統領報道官の記者会見（press briefing）での発言から採りました。英米の新聞，雑誌からの引用も少なくありません。

本書は，大修館書店発行の『英語教育』誌2001年4月号から1年間にわたって連載された「大統領の英語教室——comeとgoの豊かな世界」の延長線上に位置づけられるものです。この連載企画は，米国の最高政治指導者が，記者会見や演説を通じて自らの主張を国民に訴えかけるにあたり，いかにやさしい単語を有効に使っている

かを例示し，come と go の持つ英語表現上の可能性を探るのがねらいでした。幸いにも，読者各位から好意的な反応を多数いただき，それに後押しされて本書が誕生しました。

　本書は4部から構成されています。パート1は上記の連載記事を一部加筆，補筆して再録しました。パート2は come，パート3は go のそれぞれのイディオムについての解説，そしてパート4は応用練習問題です。練習問題を解き進みながら，come と go の世界に触れることで，2つの単語とそれを含む熟語を使った表現力のパワーアップを図ります。巻末には日英いずれからも引ける詳細な索引をつけました。

　「ホワイトハウスの英語塾」を名乗っているからといって，必ずしもブッシュ大統領の発言や政策を支持するものでないのはもちろんです。ただ，世界を動かす重要人物の1人である米国大統領が発するメッセージは，生きた英語の教材としてそれなりの意味があると考え，活用させていただこうというわけです。

　執筆，編集にあたっては，著者が勤務する日経国際ニュースセンターの同僚で，長年にわたって日本経済新聞の記事を英訳している米国人翻訳家カーレット・ルイスさんにいろいろ助言をいただきました。大修館書店編集部の池田恵一さんには『英語教育』連載の企画段階から相談に乗っていただき，貴重なアドバイスを数多く頂戴しました。

　　2002年9月10日

　　　　　　　　　　　　　　　　　　　　　　　　　根岸　裕

目　次

はじめに　i

Part 1　ホワイトハウスの英語
——スピーチ，報道から　3

1　教育改革　5
> 例　新政権の最優先課題は公立学校の教育改革です。
> My priority will go to the improvement of public education.

2　減税　10
> 例　…，低所得者の税率の下げ幅が最大となります。
> Under the plan, the highest percentage tax cuts go to the lowest income taxpayers.

3　環境問題　14
> 例　電力の半分以上は石炭火力です。
> Over half of that electricity comes from the burning of coal.

v

4 エネルギー問題 18

> 例) 開発と正しい環境保護政策は両立すると考えています。
> I believe that we can have exploration and sound environmental policy go hand in hand.

5 未成年者の飲酒問題 22

> 例) この程度の経験は大目に見てあげてもいい…。
> …, they deserve some sort of life unless they go too far.

6 ミサイル防衛構想 26

> 例) 現在，わたしたちは（冷戦時代とは）全く異なる世界に暮らしています。
> Today the sun comes up on a vastly different world.

7 同時テロ事件 30

> 例) 行動を起こす時が近づきつつある。
> The hour is coming when America will act.

8 患者の権利法案 34

> 例) これについては譲れない。
> That's as far as I'll go.

9 アフガニスタン空爆 38

> 例) 時がたてば，かつての日常生活に戻れます。
> We'll go back to our lives and routines.

10 ファーストレディー 42

> 例) テロ事件後，わが国はきずなを強めています。
> In the wake of tragic events, our nation has come together.

11 大統領報道官 46

> 例: それは大統領にとって驚くにはあたらないことです。
> … it came as no surprise to the President.

Part 2 *come* 51

1 come 53

> 例: 永続的な平和が実現する。
> A lasting peace in the region will come…

2 come back 60

> 例: 経済が活力ある成長を回復する。
> … that robust (economic) growth we all hope for will come back.

3 come down 64

> 例: 電気料金やガソリンなどの価格下落が望ましい。
> The President does think that the (energy) prices should come down.

4 come from 69

> 例: わたしは州知事から大統領になりました。
> I come from the governors ranks.

5 come in; come into 73

> 例: 税収入は当初予想よりも400億ドル増えそうだ。
> …, 40 billion dollars more will come into our Treasury than we thought.

6 *come out* 79

> 例 報告書が公表されるまで待ってほしい。
> You must wait until the report comes out.

7 *when it comes to; come to* 87

> 例 子どもの教育に関しては党派を越えた協力が重要です。
> When it comes to education of the children, ...

8 *come up* 96

> 例 公立学校改革案が上院で審議されることになっています。
> ... my plan ... is expected to come up for debate in the Senate.

9 *その他の重要語句* 105

Part 3 *go* 125

1 *go* 127

> 例 天然ガスの開発と正しい環境政策は両立する。
> ... (natural gas) exploration and sound environmental policy go hand in hand.

2 *go back* 139

> 例 教育の基本に返る必要があります。
> We must go back to the fundamentals of early reading and regular testing.

3 *go down* 144

> 例 数学と理科の成績が落ちています。
> The test scores go down in math and science.

4 *go in; go into* 150

> 例 減税はまだ実施されていません。
> The tax cut hasn't gone into effect yet.

5 *go on* 156

> 例 人生にはいろいろあります。
> It's sad but life goes on.

6 *go out* 161

> 例 レストランを経営してみたいと思ったら，…。
> If you have an idea, you can go out and start a restaurant.

7 *go through* 167

> 例 （閣僚）人事がすべて（議会の）承認を得られる。
> … all his nominees will go through.

8 *go to* 172

> 例 この2億ドルは…世界基金に全額拠出される。
> This 200 million dollars will go exclusively to a global fund …

9 *go up* 181

> 例 消費者物価は上昇しています。
> They're going up.

10 その他の重要語句 186

Part 4 練習問題 215
1 come 編 217
2 go 編 242

索 引 267

挿画：諏訪直子

ホワイトハウスの英語塾
―― come と go でここまで言える ――

Part 1

ホワイトハウスの英語
―― スピーチ，報道から ――

1 教育改革

> 新政権の最優先課題は公立学校の教育改革です。
> My priority will go to the improvement of public education.

　米新政権にとっての最優先課題は，ブッシュ大統領自らが言明しているように，教育改革です（"My priority will go to the improvement of public education in America."）。それも，就学児の90％以上が学ぶ公立学校の教育改善を最優先に掲げています。

　ブッシュ大統領は，公立学校の実態について相当の危機感を抱いているようで，選挙戦終盤に開催されたゴア副大統領（当時）との第3回目のテレビ討論会（2000年10月27日）では次のように発言しています。

　I recognize there are some (parents) who just don't seem to care. But there are a lot of parents who feel like everything is going well in their child's school and all of a sudden they wake up and realize that, "Wait a minute, standards aren't being met."

　（教育の現状について関心のなさそうな両親がいることも事実です。その一方で，自分の子どもたちが通っている学校は申し分ないと思っていたのに，何かのきっかけで実態を知り，「ちょっと待てよ，学校は（社会が期待している）水準を満たしてはいないではないか」と感じる

1 教育改革

ようになる両親も多いのです)

　ついでに言えば,「教育(数学,理科)の水準が低下してきた」であれば, Educational standards (Standards in math/science) have come down. となります。
　こうした不満を抱いた両親が学校側と協力して教育改革に乗り出すべきではないか,すべて学校任せにしていたのでは本当の改革は実現しない,というのがブッシュ大統領の主張です。「上からのお仕着せの改革ではダメだ」(We all know that reform should come from the bottom up.) というわけです。
　米国の公立学校の現状を理解するひとコマとして,ブッシュ大統領は,別の機会に,次のようなエピソードを紹介しています。

　Oftentimes our teachers come out of their pocketbooks to meet the supply needs of students.
　(学校の先生が自腹で,生徒が必要とするものを買い与えているケースも少なくないのです)

supply needs (必要とするもの) が具体的に何を意味するのかはっきりしませんが,前後関係から,経済的に恵まれない子どもたちのためのノートや鉛筆などを指すのではないかと,推測されます。
　これもまた教育問題に触れて,ブッシュ大統領は自らが知事を務めていたテキサス州ヒューストンの公立中学校を訪れた時の印象を以下のように記しています。この学校は生徒の多くが中南米出身の移民の子弟で,一般的には「問題校」と見られがちなのですが,地域社会の協力もあってめざましい教育効果を挙げている学校とのことです。そこの生徒たちの表情を記述したくだりです。

　You can sense the self-esteem that comes from real accomplishment.

Part 1 ホワイトハウスの英語——スピーチ,報道から

(子どもたちは自信にあふれています。それは,達成感による満足の表われなのです)

come from を「表われ」と訳してみましたが,直訳調で「達成感による満足からくるものなのです」としてもよいでしょう。

Yesterday I announced that the Department of Education will receive the largest percentage increase of any department in the federal government, a little more than an 11 percent increase. But with new money will come high expectations.

これは2001年2月22日のホワイトハウスでの記者会見での発言です。「(教育重視のあかしとして)教育省の予算を11％強増額することにしました。これは連邦政府の省庁の予算のなかでは最も高い伸び率であり,予算が増額されれば,それだけ(学校教育に寄せられる)期待も高まることになるでしょう」と記者団に語っています。

「期待が高まる」を「大きな(高い)期待が come する」と表現しました。「予算」にあたることばとして,3歳の子どもにでも理解できるであろう money を使い,「予算の増額」を new money としたのも多くの日本人にとっては「目からウロコ」でしょう。

教育予算については次のような発言もありました。2月20日,オハイオ州コロンバスのサリバン小学校で開かれた討論会での席上,大統領は「教育成果の上がらない学校や改革を拒む(公立)学校に対しては,連邦政府の補助金を打ち切る」と警告したのです。今度は come ではなく go です。

If a school won't teach and won't change, then that money should not go to continue to fuel failure.

if a school won't teach を直訳すれば,「学校が教えようとしな

1　教育改革

いならば」ということになるのでしょうが,これでは,日本語として意味をなしませんから,「教育成果の上がらない」とします。具体的には,数学や英語といった基礎教科で一定の水準に到達できない学校を指します。こうした学校をブッシュ大統領は failing schools と呼び,選挙期間中の演説でも繰り返し言及していました。この問題に関連して,2001年1月27日のラジオ演説で大統領は次のように国民に呼びかけています。

I have my own plan which would help children in persistently failing schools to go to another public, private or charter school.

「いつまでたっても教育水準が向上しない学校に就学している児童については,転校できるような方策を考えている」というのです。「転校」を「別の学校へ行く(行かせる)」と発想したわけです。transfer somebody to another school とか change schools でもよいのですが, go to another school でも十分間に合うわけです。

また,発言中の charter school というのは,公立学校のありかたに不満を持つ父兄が自主的に設立し,州の認可を受けて運営している学校のことです。この10年来,全米各地に広まった教育運動で, charter とは「設立許可証」を指します。

余談になりますが, failing schools は2001年1月20日の大統領就任演説にも登場しました。ところが,日本の新聞社や通信社はこれを「問題のある学校」,「荒廃する学校」,「学校教育の失敗」などと誤訳しました。

教育問題に関するブッシュ大統領の発言に登場した以下の come と go の用法も示唆に富んでいます。応用範囲も広そうです。

(1) The old statement, one size fits all, doesn't work when it

Part 1 ホワイトハウスの英語——スピーチ，報道から

comes to educating children.（子どもの教育というものは，百人百様の対応が必要です）

＊直訳すれば，「だれにでも合うようなサイズのものは教育に関しては存在しない」とでもなるでしょうか。when it comes to … は「…に関しては」の意味で多用されます。

(2) Americans who are coming up to be a teacher（教師志望の米国人）

(3) When there are learning problems diagnosed, help comes.（学習障害の原因が分かれば，対処は可能です）

(4) A week ago today I received a great honor, and all the great responsibilities that come with it. The first order of business is education reform, and we have started strong.（ちょうど1週間前，大統領に就任し，重責を担うことになりました。初仕事は教育改革で，滑り出しは上々です）

(5) A priority is going to be public education.（最重要課題のひとつが公立学校（の改革です））

(6) Federal funding for the Elementary and Secondary School Act will go up by 1.6 billion dollars.（小・中・高等学校法関連の連邦政府予算は16億ドル増額されます）

(7) We begin to have an education system that says each child matters, and we're going to track each child as he or she goes through the system.（すべての子どもが大事にされる教育制度づくりを目指しており，ひとりひとりについて（新制度での教育成果を）把握したいと考えています）

(8) We must go back to the fundamentals of early reading.（（小学校の）早い段階で本が読めるようになることの重要さを再認識する必要があります）

(9) When it comes to our schools, dollars alone do not always make the difference.（学校というものは，（予算を増額したからといって）それで事態が改善するものとは限りません）

2 減税

> わたくしの減税案では,低所得者の税率の下げ幅が最大となります。
> Under the plan, the highest percentage tax cuts go to the lowest income taxpayers.

　教育改革と並んでブッシュ大統領が政策の大きな柱に掲げているのが減税です。これは選挙運動中の公約（campaign commitment [promise]）の1つで,今後10年間で1兆6,000億ドル（約190兆円。ちなみに,日本の2001年度の当初予算は約82兆円）を国民に還元しよう（return 1.6 trillion dollars to the people [taxpayers] over 10 years）というのですから,スケールの大きな話です。その減税規模について,2001年2月22日の記者会見で,大統領は次のように発言しています。

　　Some are saying it's too small, some are saying it's too large, and I'm saying it's just right.
　　（減税額が小さいとか,過大だとか,いろいろな意見があるようですが,わたしは（1兆6,000億ドルで）適当だと考えています）

　中学英語のやさしい単語だけで,これだけのことを表現できるわけです。it はこの場合 a tax cut（減税）を指します。減税の言い換えとしては tax relief, tax break などがあります。「減税規模は適当だ」の意味で,ブッシュ大統領は This is the right-size (tax

Part 1 ホワイトハウスの英語——スピーチ,報道から

cut) plan. とも発言しています。

これは大統領就任以来初の記者会見でした。前任者のクリントン大統領が,事前に用意された演説でも,記者会見同様,比較的平易な英語を使用したのに対し,ブッシュ大統領のこれまでの演説には難しい単語が多いような印象を受けます。

さて,減税はすべての米国人納税者に恩恵をもたらすが,特に配慮したのは低所得者だとして,大統領は次のように述べています。いよいよ go の登場です。

Under the (tax relief) plan, the highest percentage tax cuts go to the lowest income taxpayers and higher-income Americans will pay a larger share of the income tax burden.
（わたくしの減税案では,所得の最も低い米国民の所得税率の下げ幅が最大となります。所得の高い納税者の税の負担はむしろ増加します）

この発言は,野党の民主党が,ブッシュ大統領の減税案は金持ち優遇だ,と批判していることに反論したものです。
2001年2月19日付けの *U. S. News & World Report* 誌は,民主党の言い分として次のような,記事を掲載しています。

But by Democratic reckoning, 43 percent of (tax cut) benefits flows to the wealthiest 1 percent of Americans.
（しかし,民主党の試算では,減税総額の43％は米国人口のわずか1％に過ぎない最も裕福な高額所得者に還元される）
＊flows は goes と置き換え可能です。

同誌は,また,次のようにも報じています。

The biggest hazard from Bush's standpoint is the charge that his plan is a giveaway to the rich. The problem for the

2 減税

White House is that the argument is correct —— as far as it goes.
（ブッシュ減税案の最大の弱みは，これは金持ち優遇策だという批判であり，それはそれなりに正しいというのが大統領にとっては頭の痛いところだ）

as far as it goes の it は argument（主張，意見）を受けており，as far as は「…に関する限り」ですから，「その主張（に関する限り）は正しい」という意味になります。

ブッシュ減税案では，収入に応じて5段階に分かれている現在の税率を10, 15, 25, 33％の4段階に減らすことになっています。現行の最高税率は39.6％です。英訳を以下に示します。

As tax plans go, Bush's is simple enough. It calls for reducing the five-bracket personal income tax structure to four: 10 percent, 15 percent, 25 percent and 33 percent. (The top rate now is 39.6%.)
＊この事例の go は「…としては」というほどの意味です。

さて，come にも登場願いましょう。
ブッシュ大統領は2001年3月12日の議会演説で，減税の必要性について次のように発言しています。

Yogi Berra once said: "When you come to a fork in the road, take it." Now, we come to a fork in the road; we have two choices.
（ヨギ・ベラはかつて「分かれ道にさしかかっても，（どっちへ行こうか）悩む必要はない。分かれ道がないと思えばなんでもない」と言い放ったことがあります。われわれは今まさに，その分岐点にいます。選択肢はふたつあります）

Part 1　ホワイトハウスの英語——スピーチ，報道から

具体的には，(1)財政黒字を政府支出の増加に回す，(2)減税として国民に還元する，の2つで，ブッシュ大統領は後者を選択したわけです。「減税」を次のようにも言い換えています。

　The other choice is to let the American people spend their own money to meet their own needs.
　（財政黒字は国民のものであり，（政府のために使うのではなく）国民が自らの必要に応じて使えるような選択肢をとりたい，と考えています）

引き合いに出されたヨギ・ベラとは米メジャーリーグの名門ニューヨーク・ヤンキースの元人気捕手で，ここで引用したような気のきいた名文句づくりの才人としても知られ，語録集も出版されているほどです。come to a fork ... は，fork の形状から「分かれ道，分岐点」の意味が派生しました。 take it は「そんなフォークはとってしまえ」。

議会演説では，「減税実施のタイミングを逸したために，景気回復の好機を逃すことも多いので，（新年度の予算が執行される10月からではなく，2001年1月に）さかのぼって実施し，景気の下支えを図りたい」（Tax cuts often come too late to stimulate economic recovery. So I want to work with you to give our economy an important jump-start by making tax relief retroactive.）と早期実施の必要性を訴えました。

減税が実施されたら，その使い道はと聞かれて，ある人は，I may think about replacing my 1996 Chrysler, which is coming up on 100,000 miles.（1996年型のクライスラーに乗っているんですが，走行距離が10万マイルにもなるんで，買い換えようかと考えています）と答えていました。come up on は「…に近づく」という意味です。

3　環境問題

電力の半分以上は石炭火力です。
Over half of that electricity comes from the burning of coal.

　米国が，地球温暖化防止をうたった1997年の京都議定書から離脱する (withdraw from the 1997 Kyoto Protocol; abandon the Kyoto climate change treaty; pull out of the Kyoto agreement) ことを表明 (2001年3月28日) し，大きなニュースになりました。批准に向けた作業を進めている欧州各国や，京都会議を主催した日本は，米国の決定に憂慮を表明，3月30日付け *Japan Times* は Bush quits Kyoto pact; world outraged (米，京都議定書から離脱 各国は反発) の見出しで1面トップ記事で報じました。

　京都議定書を支持しない理由として，ブッシュ大統領は翌3月29日の記者会見で次のように発言しました。

　We will not do anything that harms our economy. Because first things first, are the people who live in America ... It's in our national interest that we develop a strong energy policy, with realistic, common-sense environmental policy.
　(米国経済にとってマイナスになるようなことをするつもりはありません。最優先にすべきは米国人の利益であります。確固としたエネルギー政策を確立し，現実的な，常識ある環境政策との融合を図るべき

Part 1　ホワイトハウスの英語——スピーチ，報道から

です）

　カリフォルニア州での相次ぐ停電事故（blackouts in California）に象徴されるエネルギー危機に触れて，ブッシュ大統領は同じ日の記者会見で，It doesn't matter to me where (natural) gas comes from just so long as we get gas moving into the country.（天然ガスの供給先が（アラスカでも，カナダの）どちらでもわたしにとって問題ではありません。重要なのは安定供給されるということです）と述べました。
　come from は「～から来る」で，I come from Tokyo. であれば，「生まれ〔出身〕は東京です」だということは，ご存じの通りです。move into を「（ガスが）入ってくる〔供給される〕」という意味で使っているのも注目してよいでしょう。
　同じ come from をブッシュ大統領は，次のようにも応用しています。

　　Over half of that electricity comes from the burning of coal, and about 15% comes from natural gas.
　　（電力の半分以上は石炭火力で，約15％は天然ガスを使って発電しています）

　地球温暖化の原因とされる二酸化炭素の排出削減を求めた京都議定書を批准することは，米国産業に与える悪影響が大きいとの判断が働いたのでしょう。
　そのあたりの事情を2001年3月30日付けの英国の有力経済紙 *Financial Times*（『フィナンシャル・タイムズ』）は，

　　The Bush administration's abandonment of the Kyoto Protocol comes as little surprise to the business forces that support him and the Democrats and environmentalists now voicing

3　環境問題

their outrage.
　（ブッシュ政権の京都議定書離脱について，政権の支持母体となっている産業界は当然のことと受け止めているが，野党の民主党や，環境保護団体は反発している）

と報じています。
　comes as little surprise は「ほとんど驚くようなことではない」，「驚くにあたらない」とういうことでしょうから，「当然のこととして受け止められている」と訳してみました。このような come の使い方は新聞記事でよくみかけます。

　The economic package comes against the background of the slumping Japanese stock market.
　（株式市場の低迷を受けて，（政府は）景気対策を発表した）

　同様に，3月30日付けの *Japan Times* は，議定書不支持を表明したのは，「ブッシュ政権が米国の石炭や石油産業からの圧力を受けたためだ」として，次のように報じました。

　It was apparent Bush had come under pressure from the U. S. coal and oil industry to back out of the deal to cut carbon dioxide emissions.

　come under pressure は「圧力を受ける」で，pressure *from* ... のかたちで使用することが多いようです。
　世界最大の二酸化炭素排出国である米国が京都議定書を批准しないようでは，「議定書はもはや死んだ」(The Kyoto treaty is dead.)とか，「米国が参加しないようでは議定書は実行性を持たない (The Kyoto Protocol wouldn't work without the United States.)」と指摘されるのも無理からぬところです。

Part 1　ホワイトハウスの英語——スピーチ，報道から

　京都議定書離脱を正式発表した3月28日の記者会見で，フライシャー米大統領報道官（Press Secretary Ari Fleischer）は，「議定書が発効するするためには55カ国以上の批准が必要なのに対し，これまでに批准したのはわずか1カ国だけだ」として以下のように米国の立場を正当化しました。

　　Only one nation of the world has done so [ratified]. There are 54 more [countries] to go.

　There are 54 more to go. は「あと，54カ国が批准する必要がある」という意味です。「試合終了まであと30分だ」に，Thirty minutes to go before the game is over. のような形で応用できます。
　大統領報道官は，さらに続けました。

　　The treaty has to be sumitted by 55 of the signatory nations in order for it to go in effect.
　　（議定書が発効するためには，調印国のうち55カ国の批准が必要だ）

go in [into] effect は take effect と言い換え可で，「効力を持つ」，「発効する」の意味です。
　一方，ホイットマン米環境保護局長官からは，京都議定書をめぐる進展のない協議をこれ以上続けるのはムダだと言わんばかりの発言が飛び出しました。下線部の go の使い方に注目してください。

　　… spend our time committed to something that isn't going to go.

　似たような go の使い方としては，The negotiations went nowhere.（協議は（どこにも行かなかった。つまり，）何の成果もなかった）という言い方もよく見かけます。

4 エネルギー問題

> わたしは,開発と正しい環境保護政策は両立すると考えています。
>
> I believe that we can have exploration and sound environmental policy go hand in hand.

ブッシュ大統領が原子力発電の利用拡大などを盛り込んだ「国家エネルギー政策」(National Energy Policy)を発表しました(2001年5月17日)。

「1970年代以降,最悪のエネルギー危機 (the most serious energy shortage since the 1970s)」(チェイニー副大統領)との認識を背景に,副大統領自身を長とする特別チームがブッシュ政権のエネルギー政策を163ページの報告書にまとめたのです。

米国には「確固としたエネルギー政策」(strong energy policy)がないと指摘し,新世紀にふさわしいエネルギー政策を早急に策定する,と強い意欲を見せていただけに,米国だけでなく,日本や欧州各国のメディアも新政策発表を大きく取り上げました。

ミネソタ州セントポールで新政策を発表したブッシュ大統領は,米国のエネルギー危機を象徴する出来事であったカリフォルニア州の電力不足による大停電 (blackout) に言及して次のように発言しています。

　　It had become a fact of life in America, the routine, everyday expectations that when you flick on a light switch, the light

Part 1　ホワイトハウスの英語——スピーチ，報道から

will come on. Californians are learning, regrettably, that sometimes when you flick on the light switch the light does not come on, at any price.

（スイッチをパチッとひねれば明かりはつく，というのが米国では当たり前のことでした。ところが，カリフォルニア州の住民は，どんなにお金を出しても，そうした当然のことが起こらないこともあり得るという事態に残念ながら直面しています）

flick は名詞としては，「何かをはじいて飛ばしたり，電気器具類のスイッチを入れること」を意味しますが，ここでは動詞として使われています。

come on は応用範囲の広い成句で，An additional 100 million new Internet users will come on this year.（今年は，1億人が新たにネットを利用することになろう）の come on は「現れる，登場する」。come on の反対は go off で，The light came on, then went off.（明かりはついたと思ったら，すぐに消えた）という具合です。これは，成句として使われているわけではありませんが，Ichiro's RBI came on an infield single in the seventh inning.（イチローは7回，内野安打で打点を挙げた）のような例は新聞のスポーツ面でよく見かけます。このケースの on は「…によって」の意味です。RBI は run batted in（バットを振って入れた得点）の意味で，「打点」。

エネルギー不足について，ブッシュ大統領は2001年3月22日，新聞社の業界団体である National Newspaper Association の年次総会で講演し，電気・ガソリン料金の高騰に懸念を表明しています。

It's important to remember, there are people struggling to get ahead, particularly with energy bills going up, the economy slowing down.

（エネルギー関係の支出が増加し，一方で，経済が減速しており，暮

4 エネルギー問題

らしにお困りの人々がいることを忘れてはなりません)

　get ahead は「前進する」とか「(会社で)出世する(この意味では go up も使えます)」の意味で使うことが多いことばです。ここでは「暮らす」と訳しておきましたが,「生活水準を上げる,暮らし向きを良くする」というニュアンスが含まれています。

　5月には,ガソリンの小売り価格が1ガロン当たり1ドル71セントとこれまでの最高値をつけました(The average gasoline price reached a record 1.71 dollars a gallon.)。1ガロンは米国の場合3.785リットルに相当しますから,1リットルに換算すると約55円となり,それでも日本の約半値で買えるわけです。

　米国におけるエネルギー関連支出の増加について,5月18日付け英経済紙 *Financial Times* は,Americans are waking up to the fact that comfortable era of very low energy prices is coming to an end. (米国人はエネルギーがきわめて低価格で消費できた,良き時代が終わりつつあるという現実に目覚めつつある)と報じています。

　同紙はまた,カリファルニア州の電力危機に触れて,A botched deregulation program and soaring demand have sent (electricity; power) prices through the roof. とも指摘しています。電力事業の規制緩和策が "botched"(失敗し),(IT＝情報技術関連産業を中心とする)電力需要が急増したために電力料金が "through the roof"(屋根を突き抜けるほど)急騰した,と伝えました。"(electricity; power) prices" を目的語とせず,主語にすれば,Prices have gone through the roof. になるところでした。

　through で思い出したのは pay through the nose (法外な値段を払う,ぼられる)という言い回しです。なぜ,そのような意味が生まれたのか,英和大辞典にも説明はありません。職場の米国人に尋ねても,首をかしげるばかりです。

　新エネルギー政策の目玉はなんといっても,1979年のスリーマイル島 (the accident at the Three Mile Island nuclear power plant)

Part 1　ホワイトハウスの英語——スピーチ，報道から

原発事故以来，凍結されたままの原子力発電所の新設を盛り込んだことでしょう。この政策転換に触れて，ある英字紙は "Nuclear Power Set For Comeback"（原子力発電復活へ）の見出しをつけたほどです。

ほかに注目すべき点としては，省エネ車の開発に40億ドルを支出する（4 billion dollars will go for the development of energy-efficient cars），アラスカ北東部の自然保護区で石油，天然ガスの開発を解禁する，などが指摘できるでしょう。

アラスカでの石油，天然ガス開発については，環境破壊につながるとして野党の民主党や，環境保護団体が早くも反発しています。(The new energy policy quickly came under attack from Democrats and conservationist groups.)

そうした懸念に対し，ブッシュ大統領は5月11日の記者会見で次のように述べています。

　　I believe that we can have (natural gas) exploration and sound environmental policy go hand in hand.
　　（わたしは，（天然ガス）開発と正しい環境保護政策は両立すると考えています）

go hand in hand は「手に手をとって行く」ということですから「両立する」と訳せるでしょう。can go together well でも同じ意味になります。「両立する」を和英辞典的に発想すると compatible だとか，coexist が頭をかすめますが，go hand in hand の方がずっと口語的で，分かりやすい表現です。

5 未成年者の飲酒問題

> この程度の経験は大目に見てあげてもいいのではないだろうか。
> ..., they deserve some sort of life unless they go too far.

　ブッシュ大統領の19歳の双子の姉妹，ジェンナとバーバラさんがテキサス州オースチン市内のレストランでアルコール飲料を購入しようとして警察の調べを受けました。2001年5月29日の出来事で，ジェンナさん（テキサス大学1年生）は，4月27日には同市内のバーで友人とビールを飲んでいるところを警察官に見つかり，約50ドルの罰金と8時間の地域奉仕活動（eight hours of community service）の処分を受けたばかりで，お酒がらみで警察のお世話になるのはこれが2回目です。

　若き日のブッシュ大統領の酒好きは広く知られたところで，飲酒運転の逮捕歴もありますが，40歳を境に酒との縁はきっぱり断ったそうです。「その人の娘だから」というつもりなのでしょうか，今回の事件を "The apples have not fallen far from the tree."（リンゴの実はリンゴの木から遠くへは落ちなかったのだ）と伝えた新聞もありました。リンゴの木を親に見立て，その子供をリンゴにたとえているのです。

　米国では，21歳以下の飲酒（underage drinking，まだ10代であれば teen drinking）は法律で全国的に禁止されていますが，この最低飲酒年齢（minimum [legal] drinking age）未満の若者でも，

Part 1　ホワイトハウスの英語——スピーチ，報道から

3人に2人はアルコール類を飲んでいるといわれ，その意味では，英国の *Financial Times* 紙が報じたように，「この事件によって，双子姉妹は（米国人未成年者の）多数派に仲間入りしたわけだ。(This puts the two girls in the American mainstream.) と冷めた目で見ることもできます。

　この件で，ホワイトハウスはノーコメントを押し通し，フライシャー大統領報道官も，「これは家庭内の問題である（This is a family matter.）」だとして報道陣からの度重なる質問をかわしました。それでもしつこく食い下がる記者に対しては Gone into it.（すでに説明済み）と突っぱねました。go into ... には「…へ入って行く」のほかにもいろいろ意味があり，この場合は，「説明する，詳述する」にあたります。

　大統領がダンマリを決め込んだのに対し，米国のメディアは大きな扱いで，姉妹の飲酒事件を取り上げました。6月1日付けの *Washington Post* 紙は，CBS放送のニュース編集担当幹部の言葉として，以下のような発言を紹介しました。

　　They're 19, they are in college, they deserve some sort of life unless they go too far.
　　（2人は19歳で，大学生。この程度の経験は大目に見てあげてもいいのではないだろうか）

go too far は「あまりにも遠くへ行く」→「やり過ぎる」となり，この事例では unless they go far too（やり過ぎでなければ）ですから，「この程度では」となります。go far は以下のように広く応用できます。

(1)　My impression is that deregulation has not gone far enough.
　　（規制緩和はまだ不十分だとわたしは感じています）
(2)　You may have gone too far this time.（あんた，今度ばかりは

5 未成年者の飲酒問題

やり過ぎだったかも知れんぞ)

(3) The smaller balls have a greater density than regular ones, meaning they could go a lot farther and a lot faster. (ボールが小さくなったということは、高密度になったということであり、はるかに遠くまで、しかも、高速で飛ばせるということです)

(4) It's really up to individuals how far they should go in preparation for their future after retirement. (退職後の備えをどこまですべきかは、個々人が決めればよい)

同じ *Washington Post* 紙の記事は、ジェンナさんについては、飲酒をめぐる2度目のトラブル、つまり再犯だったことでニュースの扱いが大きくなったのだろうとの識者の見解を載せています。今度も go です。

My guess is the press would have gone a little easier if this was the first incident.
(初犯であれば、新聞もこれほど大きく取り上げなかったのではないかと、わたしには思える)

go easy は「大目にみる、大騒ぎしない」と訳してもよいでしょう。

父親を大統領に持てば、家族は衆人環視の下に置かれ、つまり、プライバシーを侵されるとして living in a fishbowl (金魚ばちの中で暮らすようなものだ) と形容したのは英国の新聞、*Observer* 紙でした。大統領の娘だからといって大げさに騒ぐのおかしいし、プライバシーの侵害だとする意見がある一方、ブッシュ大統領にも父親として責任の一端がある、との声も聞かれました。以下に紹介する6月6日付け *Washington Post* 紙の記事はそうした声のひとつです。

Part 1 ホワイトハウスの英語——スピーチ,報道から

Jenna's drinking is proof of her father's failure to come honestly to grips with his own drinking problem.
(今回のジェンナの一件は,彼女の父親が自らの飲酒問題をさほど深刻に考えなかったことの結果である)

come to grips with … は「(問題などに)真正面から取り組む」を意味するイディオムです。「かつて,ブッシュ大統領は酒の問題を抱えていた」を,He once had a problem with the bottle. と表現した週刊誌もありました。この bottle はもちろん酒ビンで,ビール,ウィスキー,ワインの別を問いません。

米国人は,一般的に,青少年の飲酒行為に対して寛容過ぎはしないか,との指摘もありました。「寛容だ,容認する,甘い」は tolerant で,名詞は tolerance。やさしく言えば soft。以下の CNN.com の記事(6月5日付け)にはその両方が登場します。

Parents need to make it very clear, there will be zero tolerance on this issue. Right now, kids understand that everyone is soft on alcohol.
(青少年の飲酒問題に関しては,今後,寛容の余地は一切ないぞ,と親は宣言すべきだ。現状はといえば,酒を飲んでも問題にならないということを子どもたちはお見通しなのだ)

zero tolerance は最近のはやり言葉で,『ジーニアス英和大辞典』(大修館書店刊)は,zero-tolerance rule を採録,「ゼロ容認の原則〈反社会的行動に対して厳しく断固として法を適用すること〉」と定義しています。

6 ミサイル防衛構想

> 現在，わたしたちは（冷戦時代とは）全く異なる世界に暮らしています。
> Today the sun comes up on a vastly different world.

　ブッシュ政権になって初のミサイル迎撃実験が2001年7月14日に実施され，成功しました。これが4回目。1999年10月の第1回目の実験は成功しましたが，2，3回目は失敗し，技術的な面から，実戦配備の可能性を疑問視する見方も出ていました。

　なにしろ，敵が発射し，超音速で飛来するミサイルに対し，米国もミサイルを打ち上げて空中で撃ち落とそうというのですから，「えー，そんなことができるの」と言いたくもなります。

　現に，田中真紀子前外相は，「飛んでくるミサイルを撃ち落とすのは，1キロ先の蚊をあてるようなものだ」と形容しました。"Missile defense is like a bullet hitting a bullet." （ミサイル防衛構想はピストルの弾をピストルで撃ち落とすのに等しい）とコメントしたのは米国 National Public Radio の記者です。実験は成功したが，「ミサイル防衛システムには細かな点でいろいろ改善点があるし，敵のミサイル攻撃から米国を防衛できるようになるのは遠い先のはなしだ」（There are so many little things that can go wrong. They have a long way to go before they have a system that really could shield the United States from an enemy missile attack.) との見方が有力なようです。ここでは go が2度，登場しました。go

Part 1 ホワイトハウスの英語——スピーチ，報道から

wrong は「うまく行かない」→「改善すべき点がある」。a long way to go は「遠い道のり」→「遠い先のはなしだ」です。

　ともかくも実験は成功しました。勢いづいたブッシュ政権は，これまでは1年に1回程度だった実験を加速する意向のようです。ブッシュ政権のミサイル防衛構想に対しては，米国国内でも野党の民主党が反対していますし，欧州の同盟諸国も，新たな軍拡を招くものだと懸念を表明。ロシアは米ロ間の弾道弾迎撃ミサイル制限条約 (Antiballistic Missile [ABM] Treaty) に違反すると強く反発しています。

　それでは，なぜ，ミサイル防衛構想を推進する必要があるのか，5月1日の演説で，ブッシュ大統領は次のように発言しています。

　　Today the sun comes up on a vastly different world. The Wall is gone and so is the Soviet Union. Today's Russia is not our enemy, yet this is still a dangerous world. More nations have nuclear weapons and still more have nuclear aspirations. Many have chemical and biological weapons. Some already have developed the ballistic missile technology that would allow them to deliver weapons of mass destruction at long distance.

　冒頭の Today the sun comes up on a ... を直訳すれば「今日，太陽は大きく変化した世界に昇ります」となりますが，これは，今の時代を冷戦時代と対比したくだりですから，「現在，わたしたちは（冷戦時代とは）全く異なる世界に暮らしています」とでもした方が日本語としては理解しやすいでしょう。続きを以下のように訳してみます。

　　ベルリンの壁は撤去され，ソ連も崩壊しました。現在のロシアはわれわれの敵でありません。しかし，危険が去ったわけではあ

6　ミサイル防衛構想

りません。核兵器の保有国は増加していますし，保有したいとの野望を抱いている国も少なくありません。多くの国が化学，生物兵器を保有しています。すでに弾道ミサイル技術を開発した国もあり，そうした国は大量破壊兵器をはるか遠くまでミサイルで運搬することが可能になります。

come と go の用法について簡単に説明しますと，the sun comes up は「太陽が昇る」（中学校では The sun rises in the east and sets in the west. を丸暗記するよう英語の先生に言われたのを思い出しました）でよいとして，The Wall is gone and so is the Soviet Union. に注目しましょう。The Wall は東西冷戦の象徴だった「ベルリンの壁」。それが gone するということは「なくなった，撤去された」。The Soviet Union is gone. は「ソ連は崩壊した」。

ブッシュ大統領の発言に戻って，米国に対し，ミサイル攻撃を仕掛けそうな仮想敵国と見られているのは，北朝鮮，イラン，イラクのようです。物騒なことを仕出かしそうだとの警戒心をこめて，米国は，この3カ国を rogue states（ならず者国家〔無法者国家〕）と呼んでいます（2002年1月の演説でブッシュ大統領は，これら3カ国は「悪の枢軸（an axis of evil）」だと決めつけました）。

さて，ミサイル防衛構想については，実験の直前と直後の2回，上院軍事委員会で長時間の公聴会が開かれました。そのなかから，come と go を使った発言をいくつか紹介します。

(1) These tests will come into conflict with the ABM Treaty.（ミサイル発射実験は ABM 条約違反になるだろう）
　＊ come into conflict with … は「…と衝突する」が基本的な意味。
(2) The U. S. might go ahead without Russia's OK.（米国はロシアの同意なしに（ミサイル防衛構想を）推進する可能性もある）（→

Part 1 ホワイトハウスの英語——スピーチ，報道から

(5), (6), (7)を参照)

(3) It is obvious that the Chinese are going to go on their own and build more missiles. ((米国がミサイル防衛構想を推進すれば)中国も独自にミサイル配備を増強することははっきりしている)

(4) I think some of the stability we would hope to achieve in the world is precisely from demonstrating to (Iraq, Iran or North Korea) that their large investments in their offensive missile capabilities will come to naught. ((ミサイル防衛構想のねらいは)イラク，イラン，北朝鮮などに対し，多額の資金を投入して攻撃的なミサイル技術を開発してもムダになるだけだということ分からせ，その結果，世界を多少とも安全な場所にすることだと考えています)

(5) ... negotiate the necessary modifications with the Russians on the ABM Treaty to allow this program to go forward (ABM条約の改定をロシアと交渉し，(ミサイル防衛構想)を推進できるようにする) (→ (6)を参照)

(6) If it comes down to a unilateral deployment in violation of the treaty ... (もし，米国が (ABM) 条約に違反して，一方的にミサイルを配備することになれば…)

 ＊ come down to ... は「結果的に…になる」。itを主語にすることが多いようです。unilateral は次の go it alone と同じ意味。

(7) Putin is strongly opposed to the idea of the U. S. going it alone, if the Russians don't go along. (米国がロシア抜きで一方的に (ミサイル防衛構想を) 推進することに対し，プーチン大統領は強く反対している)

 ＊ go it alone は「一人で行く」だから「一方的に」。go along は「一緒に行く」，つまり，「同調する，賛成する」となります。

7　同時テロ事件

> 行動を起こす時が近づきつつある。
> The hour is coming when America will act.

　これは，2001年9月20日，ブッシュ大統領が議会の上下両院合同会議で行った演説の一節です。

　2001年9月11日，ニューヨークの世界貿易センター（the World Trade Center＝WTC）と国防総省（the Pentagon）に対する同時テロ事件（terrorist attacks on the U. S.）から9日経過し，犯行はイスラム過激派によるものだとの見方を強めたブッシュ政権が，「行動を起こす時が近づきつつある」と宣戦を布告したのです。

　「行動」とはもちろん軍事行動（military action）を指します。The hour is coming ... と hour を使った言い回しが，軍事行動が差し迫っていることをうかがわせています。事実，ほぼ時を同じくして，米海軍横須賀基地からは米第7艦隊所属の空母キティホーク（USS Kitty Hawk）が出港し，インド洋方面へ向かいました。

　テロ事件が発生したのは米現地時間9月11日午前9時（日本時間同日午後10時）前後のことでした。ナイフなどで武装した数人のグループに乗っ取られた旅客機2機が，米国経済活動の中枢の1つであり象徴ともなっているWTCと，軍事の要である the Pentagon に激突したのです。

　筆者が遅めの夕食を終えて風呂へ入ろうとしている時のことでし

Part 1　ホワイトハウスの英語——スピーチ，報道から

た。午後10時のNHKのラジオニュースを聞いていたら，突然，番組が中断されて，「米CNNテレビによると…」と一報が飛び込んで来たのです。

　事件後はじめてのテレビ演説（12日）でブッシュ大統領は国民に次のように呼びかけました。ちょっと長くなりますが引用します。

　　Coming here makes me sad, on the one hand; it makes me angry. Our country will, however, not be cowed by terrorists, by people who don't share the same values we share, by people who are willing to destroy people's lives because we embrace freedom. The nation mourns, but our government will go on, the country will function.

　　（このような形で国民の皆様にお話するのは悲しいことであり，同時に怒りもこみ上げてきます。しかしながら，米国がテロリストに屈することはありません。われわれと価値を共有できない人々や，自由を信奉するがゆえにわれわれの生命を奪おうとする人々の脅しにひるむことはありません。米国民は嘆き悲しんでいます。しかし，米国政府は立ち止まりません。国家の機能が損なわれることはないのです）

　come と go の用法について少し解説すれば，冒頭の coming here … は，"the terrible tragedy that came on America"（「米国を襲った大きな悲劇」＝ブッシュ大統領自身のことば）について大統領として国民向けに話をしなければならないという事実を指しています。この come on は「（災難などが）ふりかかる」という意味です。

　最後の文の The nation mourns, but our government will go on. はどうでしょう。The nation mourns. は問題ないとして，ちょっとやっかいなのは Our government will go on. かもしれません。

　go on を英和辞典で引くと，おなじみの「先へ進む」，「続ける」が最初に紹介されています。このケースはそれがそのままあてはまるとして，日本語訳については「米国政府は先へ進む」ではなく，

7　同時テロ事件

多少の工夫が必要になります。つまり，空前のテロ攻撃を受け，今後もテロの恐怖にさらされるかもしれないけれど，「米国政府は…」というのですから，「先へ進む」というよりも，私訳のように「立ち止まらない」とした方が，日本語としては座りがよさそうです。

これは英語の肯定文が，日本語では否定形になるという事例ですが，その逆のケースもよくあります。たとえば，「その提案は受け入れられない」という日本語は，does not accept the proposal ではなく reject the proposal（その提案を拒否する）と英訳する方が英語らしい発想になります。この点にご関心のある向きは拙著の『和英翻訳ハンドブック』（大修館書店刊）をごらんください。

さて，似たような go on の言い回しで，会話によく登場するものに Life goes on. があります。使われるのは，こんな状況です。

友人の奥さんが亡くなって，友人ががっくり肩を落としている。「生きる希望がなくなってしまった」と嘆き悲しむ友人に対して，慰めのことばをかけるような場面です。「気を落とさずに」とか「生きていればそのうちいいことがありますよ」，「つらいことはいろいろあるけど，これが人生だから…」というような意味でしょうか。

同じ12日のテレビ演説で「米国が立ち止まることはない」をブッシュ大統領は go forward を使って次のように言い換えています。

　　America is going forward, and as we do so, we must remain keenly aware of the threats to our country.
　　（米国はたじろがずに前進します。しかし，同時に米国に向けられた脅威に対し厳しい警戒を怠るわけにはいかないのです）

このテロ事件では，5,000人を超える行方不明・犠牲者が出ました。標的になった WTC から命からがら脱出した生存者について，米国の National Public Radio は次のように伝えています。

Part 1　ホワイトハウスの英語——スピーチ，報道から

The survivors had gone through this tremendous trauma and they have injuries they have to overcome ... They have to face the reality that many of those people [friends, coworkers or somebody who worked at the restaurant or the cafeteria where they went everyday] are gone.
(生存者は計り知れないほど大きな精神的ショックを受け，傷も負っています。友人や，同僚や，毎日利用していたレストランやカフェテリアの従業員の多くも死亡したでしょうし，そうした現実から逃避するわけにはいかないのです)

go throughは「つらい目にあう，苦労を経験する」。come throughであれば，そうした苦難や難局を「切り抜ける，乗り切る」。traumaは「精神的ショック」。最後のgoneは「死亡した」です。

To go through so much pain is going to be a true test of this country's resolve.
(こうした大きな苦痛を伴う経験を通して，この国の不屈の精神が真に試されるのだ)

これは，日本でもおなじみの米メジャーリーグ，ニューヨーク・メッツのマイク・ピアザ捕手のテロ事件に言及した発言からの引用です。
同じtestという言葉を使って，ブッシュ大統領は次のように米国の決意を述べています。

We will show the world that we will pass this test.
(米国がこの試練に打ち勝つということを世界中にお見せします)
＊pass this testは「この試験に合格する」という意味でもあります。「不合格」ならばfail this testです。

8 患者の権利法案

> これについては譲れない。
> That's as far as I'll go.

　米国は訴訟社会（litigation society）と言われ，とりわけ，医療トラブルをめぐる裁判ざたが多いことで知られています。そこで，こんなジョークも聞かれるほどです。

　　当世の子どもはえらく進んでいるねえ。6歳の子どもがお医者さんごっこをしていたんだが，そのせりふが「キミは手術をするお医者さん。ボクは訴える側に回るから」というんだ。
　　(It's amazing how sophisticated kids have become. I heard two six-year-olds talking. One said, "Let's play Doctor. You operate and I'll sue.")

　この「患者の権利法案」(patients' bill of rights) では，医療訴訟をどの程度まで認めるか，また，損害賠償の限度額はいくらにするかが大きな争点となりました。
　米下院は2001年8月2日，「患者の権利法案」を与党共和党と民主党の一部議員の賛成多数で可決しました。民主党が多数を占める上院は，患者の権利をさらに拡大した独自の法案をすでに可決しています。患者の権利は2000年の大統領選でもブッシュ，ゴア両候補

Part 1 ホワイトハウスの英語──スピーチ,報道から

の意見が鋭く対立した問題の1つでした。bill は「法案」の意味と,Bill of Rights「権利章典」,「基本的人権に関する宣言」に使われる Bill の掛け言葉になっています。

米国のメディアは法案可決をトップニュースで報じましたが,日本のマスコミではほとんど無視されました。

下院での可決に見通しがついたのは採決のわずか1日前のことで,ブッシュ大統領と,法案を共同提案していた共和党のノーウッド議員とが長時間に及ぶ調整をぎりぎりまで続けた結果でした。

合意成立を受けて,ブッシュ大統領は記者会見で次のように語りました。

Right after I came to Washington I gave a speech that talked about the principles necessary for a patients' bill of rights.
（わたくしは大統領就任直後に演説し,患者の権利法案に不可欠な原則についてお話しました）

came to Washington は「ワシントンに来た」という意味ですが,この場合は,「ワシントンにやってきて,大統領になった」ということです。テキサス州知事だったブッシュ氏が選挙で勝って「大統領になったら…」は "When I go to Washington …" となります。

患者の権利法案が大きな関心を呼んだ背景としては,米国には,日本の勤労者が加入している企業の健康保健組合とか自営業者が保険金を拠出する国民健康保険のような国民皆保険制度はなく,企業を通して民間保険会社の Health Maintenance Organization（HMO, 健康維持組織）の会員になっているケースが多いという事情があります。HMO は,指定された医師や医療機関でしか診療を認めなかったり,専門医にかかる場合は指定された主治医（primary care physician）からの紹介（referral）を求めるなど,病院や治療内容を厳しく制限しています。これを患者にとって有利な仕組みに変えていこうというのが,法案のねらいです。

8　患者の権利法案

　上院，下院のいずれの法案でも，HMO の加入者が十分な治療を受けられなかったり，HMO の事前審査が不備だった場合には HMO を相手取って訴訟を起こせる（go to court）ようになります。

　ただし，それについては，一定の歯止めが必要ではないか，と大統領は考えました。その歯止めとは，訴訟提起の要件を満たしているかどうかを独立した第三者機関に判断させようというのです。さもないと，訴訟が多発し，その結果，健康保険料の値上げを招き，健康保険の非加入者が増える恐れがある，というのがブッシュ大統領の言い分です。

　「（歯止めは必要だ。）これについては譲れない」と，ブッシュ大統領は次のように発言しました。"That's as far as I'll go."

　as far as I'll go は「わたしが行こうとする最も遠いところ」→「そこまでしか行かない」→「これ以上は譲れない」ということです。

　2人の妥協が成立しました。会談を終えたノーウッド議員はホワイトハウスを後にしようとします。ところが，合意の成果を広く国民にアピールしたいブッシュ大統領は，記者会見場に同議員を引っ張り出さずにはいられません。大統領の側近は次のように語っています。

　　"The president wasn't going to let him [Norwood] off the property [White House] without going by the press first."

　go by は「立ち寄る」，「通り過ぎる」。the press は「報道陣」ですから，「大統領はノーウッド議員が記者会見に出なければ，帰宅させるつもりはありませんでした」ということです。let him off … は「…から解き放す，自由にする」→「帰宅させる」です。

　「患者の権利法案」をめぐる発言で使われた come と go の例をあげておきます。

Part 1　ホワイトハウスの英語——スピーチ，報道から

(1)　The patients' bill of rights comes to the floor.（「患者の権利法案」を採決する）

＊floor は「（議会の）議場」。

(2)　"We're going to fight it if it comes over to the Senate."（（下院で可決された法案が）上院に回ってきたら反対する）

＊come over は「やってくる」。

(3)　It will be tested whether the president is skillful enough to come up with a set of compromises.（ブッシュ大統領が妥協案を打ち出せる〔提示できる〕かどうかが腕の見せどころだ）

＊come up with は「（考えを）思いつく」。

(4)　More Republicans came back into their party's fold.（共和党多数派の意見に従う議員が増えた）。

＊come back には「態度を変えて」のニュアンスが含まれます。

(5)　"Going into the summer recess with losses would have been very difficult."（（議会で）敗北して，夏休み入りするのは（大統領にとって）とても気が重かっただろう）

(6)　The Senate passed the bill, and if the House had gone along, the legislation would have been sent to the White House.（上院と同じ法案を下院が可決していれば，そのままホワイトハウスに送付されていただろう）

＊go along は「賛成する」。

(7)　The issue now goes to a House-Senate committee.（（患者の権利法案）は上下両院の委員会で審議される）

(8)　We wanted to have a good external review by independent folks to give patients a place to go.（患者さんが相談に行けるような独立した審査機関を設立したいと考えていました）

(9)　The Senate approved a bill the (Bush) administration believes goes too far.（上院が可決した法案についてブッシュ政権は（患者の権利を）あまりに広く認めた内容になっているとみている）

9 アフガニスタン空爆

時がたてば，かつての日常生活に戻れます。
We'll go back to our lives and routines.

　同時テロから約1か月後の10月7日，米国は事件にかかわったとみられる国際テロ組織のアルカイダ（al Qaeda）とテロの首謀者と断定したウサマ・ビン・ラディン（Osama bin Ladin）氏をかくまっているアフガニスタンのタリバン政権（the Taliban regime）に対する空爆を開始しました。同19日には，アフガニスタン南部に特殊部隊を投入，タリバン政府側と地上戦に突入しました。
　空爆開始を知らせる米国民向け声明で，ブッシュ大統領は次のように語りました。

　On my orders, the United States military has begun strikes against al Qaeda terrorist training camps and military installations of the Taliban regime in Afghanistan ... The name of today's military operation is Enduring Freedom.
　（わたくしの命令により，合衆国軍隊はアルカイダのテロリスト訓練キャンプとタリバン政権の軍事施設に対する，攻撃を開始しました。（中略）作戦は「不朽の自由」と名づけます）

　endure は「苦痛や困難に耐える」，「がまんする，しんぼうする」

の意味です。このことばには,アフガニスタンに対する軍事行動を起こしても,決着をつけるのは容易ではないだろうとの見通しが込められているような気がします。事実,この日の声明で繰り返し強調されたのは enduring と同義語の patience でした。

In the months ahead, our patience will be one of our strengths —— patience with the long waits that will result from tighter security; patience and understanding that it will take time to achieve our goals, patience in all the sacrifices that may come.
(今後しばらく,忍耐が米国人の力となるでしょう。警備の強化で長い間待たされることに対する忍耐,(軍事)目標を達成するためには時間を要するだろうということに対する忍耐と理解,そして,予想されるあらゆる犠牲に対する忍耐です)

これに関連して,フライシャー大統領報道官も10月12日の記者会見でアフガン空爆の見通しについて次のように語っています。

As the President indicated, the military action in Afghanistan could go on for a length that is uncertain and unclear right now.
(大統領の発言にもある通り,アフガニスタンにおける軍事行動は長期間に及ぶ可能性がありますが,現時点では,いつまでと明言はできません)

空爆が続行される一方,米国では議会の有力議員の事務所や,新聞社,放送局に送りつけられた郵便物から炭疽菌(anthrax)が発見され,菌に感染した4人が死亡しました。新たなテロの可能性に動揺が広がりました。10月15日の記者会見でブッシュ大統領は,不審な郵便物にはくれぐれも注意するよう,国民に呼びかけました。

9　アフガニスタン空爆

The key thing for the American people is to be cautious about letters that come from somebody you may not know.
* the key thing for the American people は「米国人にとって重要なこと」。letters that come from somebody you may not know は「差出人がはっきりしない手紙」。

同時テロ事件以来，ブッシュ大統領が記者会見を通じて国民に直接メッセージを発信する機会は，それ以前と比べると，大幅に増えました。そのなかから come と go が登場する発言を以下に抜き出してみます。

(1) The world has come together to fight a new and a different war, the first, and we hope the only one, of the 21st century.（世界は新たな，従来の戦いとは異なる戦争に共同で対処するために団結しました。この種の戦争は21世紀になって最初で最後のものであってほしいと思っています）
* come together は「(相違を乗り越えて) 団結する，力を合わせる」。
(2) We'll go back to our lives and routines.（時がたてば，かつての日常生活に戻れます）
(3) The American people have got to go about their business. We cannot let the terrorists achieve the objective of frightening our nation to the point where we don't conduct business, where people don't shop.（米国民の皆さん，さあ，仕事にとりかかりましょう。仕事が手につかないとかショッピングに出かけないということになれば，テロリストの脅しに屈したことになり，敵の思うつぼです）
* 「仕事〔業務〕を再開する」は go back to business，「正常な生活に復帰する」は go back [return] to normal です。この normal は名詞です。

Part 1　ホワイトハウスの英語——スピーチ，報道から

(4) The FBI warning that there would be retaliatory attacks over the next several days went out today.（連邦捜査局は本日，今後数日の間に，アフガニスタン空爆に対するテロリストの報復攻撃の可能性があるとの警告を発令した）

＊英語と日本語とでは主語が異なることに注意。英語では the FBI warning（連邦捜査局の警告）が主語になっていますが，和訳では「連邦捜査局が警告を…」とした方が自然な日本語になるようです。the notice that went out yesterday であれば「昨日，張り出された〔公表された〕掲示」とか，単に，「昨日の通知」とでもします。英語の go out は自動詞ですが，日本語では他動詞として扱ったほうが翻訳しやすいケースです。

(5) American values and interests have come under direct attack.（米国の価値と権益が直接，攻撃にさらされた）

(6) Our real strength are the people who fly them, and who maintain them, and the people who make the military go.（米国の真の力とは（最新鋭の戦闘機そのものではなく）それに乗り込むパイロットであり，整備士の方々であり，軍隊を実際に動かしている皆さんなのです）

＊この例文の go は「働く」，「機能する」。

(7) Terrorists hoped our nation would come apart.（テロリストは米国の崩壊を望んでいます）

＊come apart は「バラバラになる」です。

本題からちょっとズレますが，ブッシュ大統領の演説や記者会見の発言によく出てくるので覚えておきたい表現に "bring someone to justice" があります。「…を裁きにかける」ということで，この場合，justice は「正義」ではなく「司法，裁判」という意味です。日本の Ministry of Justice を「法務省」，米国の Department of Justice を「司法省」と訳すのと同様です。

10 ファーストレディー

テロ事件後，わが国はきずなを強めています。
In the wake of tragic events, our nation has come together.

　ブッシュ大統領が教育，とりわけ公立学校での初等教育に力を入れていることはすでに取り上げましたが (p.5参照)，この問題についての関心となると，ファーストレディーであるローラ夫人もご主人に決して引けをとりません。

　なにしろ，生まれ故郷テキサス州の公立小学校で教壇に立った経験を持ち，大学院で図書館学 (library science) を専攻し，図書館司書を務めたこともある方ですから，当然と言えば当然でしょう。

　大統領府が作成したローラ夫人のプロフィールのなかに，"Dream for Children"（子どもに対する夢）として，"Mrs. Bush hopes that every child will learn to read."（ブッシュ夫人はすべての子どもが本を読めるようになることを願っています）と紹介されています。趣味は読書とガーデニングと散歩。青少年向け推薦図書 (books for older children) の1冊に *Little House on the Prairie*（『大草原の小さな家』）をあげています。NHK連続テレビドラマの原作でしょうか。

　読書の楽しみについて，ローラ夫人は2001年9月7日の「読書祭」(Book Festival) のスピーチのなかで次のように述べています。

Part 1　ホワイトハウスの英語——スピーチ，報道から

I love to read, and I want more Americans to experience the sense of adventure and satisfaction that comes from reading a good book.
（わたくしは読書が好きですし，良書から得られる胸の躍るような体験と喜びをもっと多くの米国人が経験できるようになってほしいと思っています）

ここでcome fromが登場しました。「…から来る」という意味ですから，「…から得られる」，「…を通して～する」などと訳せそうです。

読書と並んで，ローラ夫人が力を入れている活動としては，職業経験豊富な社会人を教育現場に送り込もうという運動があります。大学を卒業したての人ばかりでなく，中堅の専門職従事者，退役軍人にも教職の門戸を広く開放しよう——それがローラ夫人が実現したいと考えている目標の1つだというのです。このくだりの英文は以下の通りです。

One of Mrs. Bush's goals is to help create more opportunities for men and women to enter the teaching profession. From recent college graduates, to mid-level professionals, to retired military personnel.

そうした運動を通じて，元米軍兵士の男性が実際に小学校の先生になって語った教師としての喜びを，ローラ夫人は以下のように紹介しています。

We put so much into talking with the kids. But it's so exciting. Watching the light bulb go off in the kids' faces … the "I got it now, I understand" look.
（子どもたちとはできるだけ対話するよう心がけています。話をして

いるうちに「やっとわかった。そうだったんだ」とひらめきを感じた時の子どもたちの表情は見ていてとても感激します)

今度は go off です。これは「立ち去る」,「(電灯などが) 消える」のほかに「爆弾が爆発する」,「警報機が鳴る」,「携帯電話の着信音が鳴る」,「ことが (うまく) 運ぶ」という意味で使われることが多いのですが, ここでは "light bulb"(白熱電球) と合体して「ひらめく」という成句になります。

実は当初, "light bulb" の部分は "flashbulb"(カメラのフラッシュ) の間違いではないかと考えました。「カメラのフラッシュがたかれた時のように子どもたちの表情が光り, 輝く」と解釈したのです。ところが, 念には念を入れて調べてみたら, the light bulb goes off [on] は「ひらめく」を意味するイディオムだということを発見しました。「カメラのフラッシュ…」でも原文の趣旨から大きく外れることはなかったと思いますが, 正確を期して正解でした。

ローラ夫人とすれば, 夫の大統領を助け, 教育問題に引き続き取り組みたかったところでしょうが, 9月11日の同時テロ事件でそうも言ってはいられなくなりました。

事件の翌日, 全米の中学・高校生向けにローラ夫人はインターネットを通じて次のようなメッセージを発信しました。

September 11 changed our world. But with each story of sorrow and pain comes one of hope and courage.
(9月11日の事件でわたしたちの世界は一変しました。悲しみや苦痛に満ちた話を耳にします。しかし, それは同時に希望と勇気を与える話でもあるのです)

テロ事件に言及したローラ夫人の発言のなかから, come と go を取り込んだくだりを以下に引用します。

Part 1 ホワイトハウスの英語——スピーチ,報道から

(1) In the wake of tragic events, our nation has come together. (テロ事件後,わが国はきずなを強めています)

(2) You grieve today, and the hurt will not soon go away. (〔事件の犠牲者の遺族に対して〕皆様は嘆き悲しんでおり,その苦痛はすぐに消え去ることはないでしょう)

(3) In Boston, a student said she fears all this goodness will come to an end and that the connections people have made across America will go away. But I am an optimist. (ボストンのある女子学生は,(事件後に沸き上がった)善意はいずれ途絶え,全国土が一体となった米国人の結びつきが消滅するのではないかと心配していると発言していますが,わたしはもっと楽観的な見方をしています)

(4) None of us could have imagined the evil that was done to our country, yet we have learned that out of tragedy can come great good. (米国がこのような不幸な目に遭うだろうとはだれ一人として予想できませんでしたが,こうした悲劇的事件を経験することで(米国市民としての自覚や助け合いといった)偉大な精神が生まれるのです)

(5) We are a different country than we were on September 10th. We'll go back to our routines as we always do, but we will do so with a stronger sense of life and liberty. (米国は9月11日を境に変わりました。(どんな苦難に遭っても)これまで同様,われわれは日常生活を取り戻します。しかし今度は,生命と自由の大切さをもっとしっかりと胸に刻み込むことでしょう)

(6) The attacks of September 11 have caused all of us to reflect a little more on these ideas. That is one of the few blessings that have come out of our sadness. (9月11日のテロ事件は〔開放された社会,表現の自由といった米国の掲げる〕価値観について考えるきっかけを与えてくれました。悲しみと引き換えに得ることのできた数少ない慰めです)

11 大統領報道官

それは大統領にとって驚くにはあたらないことです。
... it came as no surprise to the President.

　前項ではファーストレディーのローラ大統領夫人を取り上げました。下世話に言えば，大統領の「女房」です。そこで今度は，大統領の「女房役」にご登場願います。ホワイトハウスのアリ・フライシャー大統領報道官（Press Secretary）です。ブッシュ政権を支える重要閣僚のひとりです。

　「女房役」について，ある国語辞典は「中心になる人のそばにいて助ける役目の人」と説明しています。まさに，フライシャー報道官の役割そのものです。

　報道官の主要な仕事は新聞，通信社，テレビ，ラジオ局のジャーナリスト相手に記者会見（press briefing）を招集し，国民に向けてメッセージを発信することです。会見は週日のほとんど毎日，行われます。正午すぎに始まって，30分ちょっと。もちろん，緊急事態が発生すれば，この限りではありません。

　会見の内容は，記者の質問も含めて，会見終了後にインターネットで速やかに，すべて公開されます。記者会見の頻度，会見内容に関する情報公開の範囲や迅速性——どれをとっても日本の首相官邸の情報サービスとは比較になりません。しかも，記者会見で取り上げられた問題はテーマごとに索引を付け，検索しやすいように利用

Part 1 ホワイトハウスの英語——スピーチ，報道から

者の便宜を図っています。至れり尽くせりとはまさにこういうことを指すのでしょう。記者会見では，米国人が関心を持つであろう内外のありとあるゆる問題が質問の対象となるわけですから，予習もさぞかし大変だろうと察せられます。

ここでは昨年（2001年）12月5日の記者会見の模様をのぞいてみました。この日の会見では，ブッシュ大統領の当日の予定に始まって，同時テロ事件の首謀者と断定したウサマ・ビン・ラディン氏が犯行を認めたとされるビデオテープに関する質問まで，18項目が索引に載っています。

come と go には関係ありませんが，冒頭の大統領日程の説明部分におもしろい発言がありましたので，ご紹介します。

The President this morning had breakfast with a bipartisan congressional leadership to discuss the remaining issues that Congress has on its plate for the rest of the year.
（けさ，大統領は議会の共和・民主両党指導者と朝食をともにし，年内に処理すべき懸案について意見を交換しました）

筆者の力量不足で，味もそっけもない翻訳になってしまいましたが，ことば遊びとしてしゃれているのは，"remaining issues that Congress has on its plate"（議会がお皿に食べ残した議題）で「懸案」を表現し，「朝食」に合わせて「お皿」を登場させているくだりです。ご存じかと思いますが on one's plate はイディオムで「処理する必要のある仕事」の意味です。『ジーニアス英和大辞典』（大修館書店刊）には，My mother had a lot on her plate at the moment. の英文と「母にはさしあたりやるべき仕事がたくさんあった」の和訳が紹介されています。

さて，議会指導者との朝食会に次いで，フライシャー報道官は連邦議会下院の動きについて触れ，明日（12月6日）の採決結果を注目していると述べました。採決に付されるのは，議会の承認を得ず

47

11 大統領報道官

に外国との通商協定を締結する権限を大統領に付与すべきか否かという問題です。

It will be a very interesting vote, to see whether or not Congress or the House will go along.
(下院が賛成するかどうか多大な関心をもっています)

go along は、この場合、「賛成する」、「協力する」の意味です。go を使った言い回しでは、go beyond がこの日の記者会見では何度か登場しました。報道官に対する質問の中で主として使われたもので、米軍はアフガニスタンにあるテロリスト組織・アルカイダの拠点に対して空爆を続けているが、攻撃を周辺諸国に拡大する可能性があるかどうかという質問です。原文は以下の通りです。

Does he (President Bush) think he can go beyond Afghanistan or anywhere else?

この go beyond ... は「アフガニスタンを越えて」という意味ですから、空爆を「周辺諸国に拡大する」となります。
同じ go beyond でも、次の例文では和訳に多少の工夫が必要でしょう。発言しているのはフライシャー報道官です。

I think Secretary Rumsfeld was asked that question yesterday, and I'm not going to go beyond what he said.
(その質問は昨日、ラムズフェルド国防長官が答えているので、それ以上のことは言いません)

この日の記者会見のアフガニスタン情勢関連の発言で見つけたgo のイディオムとしては、"go into Afghanistan"（アフガニスタンに侵攻する）、"go after terrorist groups"（テロ組織を追いつめる）、

Part 1　ホワイトハウスの英語──スピーチ，報道から

"go through the tape"（〔ビン・ラディン氏が同時多発テロ事件の犯行を認めたとされる〕ビデオを詳細に調べる）などがありました。

　同時テロ直後から米政府はビン・ラディン氏が事件の首謀者だと断定していましたから，ビデオのなかで事件の発生を事前に知っていたと発言したのは別に驚くにはあたらない，と大統領報道官は次のように述べています。

　　The President has known all along that Osama bin Laden has been behind (the terrorist attacks). So it came as no surprise to the President.

　アフガン関連以外では，以下のような文脈で come が使われていました。

(1)　The longer the Senate waits, the more difficult it will be for the economy to come back. （（景気刺激策について）上院の審議が遅れれば遅れるほどが，景気回復は困難になるでしょう）
　　＊ come back は景気が「回復する」。
(2)　These issues came up directly between the President and President Jiang during the President's meeting in Shanghai. （〔いま指摘された〕問題はブッシュ大統領と江沢民・中国国家首席との上海での首脳会談で直接取り上げられました）
　　＊ come up には「（問題が）発生する」の意味もあります。
(3)　Let me take another one, then I will come right back to that. （別の質問をもう1つ受けてから，いまの質問に答えることにします）
(4)　Under the current circumstances, how does the U.S. see the peace process coming through the end of this conflict? （〔イスラエルとパレスチナとの軍事衝突に触れて〕対立が続いている現状で，米国としては和平協議の見通しをどのように考えていますか）
　　＊ come through は「困難な状況を乗り切る，切り抜ける」です。

Part 2

come

1 come

「永続的な平和が実現する」

A lasting peace in the region will come only when the parties agree on its terms.

(中東)地域の永続的な平和は,当事者が(和平)協議の条件に合意しない限り実現しません。

(ブッシュ大統領の2001年3月29日の記者会見から)

「…条件に合意しない限り…」は「…条件に合意してはじめて実現するものです」と訳してもよいでしょう。

永続的な平和が"come"するというのを「来る」としたのではかっこがつかないので,日本語としては「実現する」,「訪れる」あたりが無難なところでしょう。「やって来る」でもOKかもしれません。

日本語から出発して「実現する」を英語で,と考えると10人のうち8～9人までがrealizeを思いつくのではないでしょうか。これを,受け身の形で使って,A lasting peace in the region will be realized only when …という英文をつくるわけです。もちろんこれでも間違いではありません。間違いどころか,りっぱな英文なのですが,この部分を,米国の大統領が,これ以上やさしい単語はないというcomeで済ませているのがなんともおもしろいところです。

意外なcomeの用法を以下にいくつか例示します。

(1) 広島カープは巨人に辛勝した。(やっとのことで勝った。なんとか逃げ切った。楽には勝たせてもらえなかった)

1 come

(2) すべてカネの世の中だ。地獄の沙汰も金次第。なにをするにもカネだ。

(3) (幸先よいスタートは切ったが)，彼の実力は今後，数カ月かけて見極めよう。実力を判断するのはまだ早い。

「えっ」，とびっくりしたり，「まさか」，と驚いた読者もいるかも知れませんが，すべて come を使って表現できるのです。

英語の原文は以下の通りです。

(1) The Hiroshima Carp finally beat the Tokyo Giants, but the victory didn't come easily.
(2) Nothing comes true without money.
(3) But his real test will come in the months ahead.

(1)について言えば，The victory didn't come easily.「勝利は簡単には来なかった」が直訳で，訳例のようにすればもっと自然な日本語になります。これを応用して，The victory came easily. なら「楽勝だった」。too easily であれば「(相手が弱すぎて) ゲームにならなかった」と訳してもよいでしょう。原文は米メジャーリーグの新聞記事だったのですが，広島ファンの筆者が主語を入れ替え，対戦相手を巨人に置き換えたのです。今後もカープの話が登場することになりそうですが，原文はシアトル・マリナーズだったり，ニューヨーク・ヤンキースだったものです。

(2)はどうでしょう。直訳すれば，「お金がないと何事も実現しない」。さっそく応用して The dream of studying in the United States could come true for 3 million yen. とすれば，「300万円あれば，米国留学の夢がかなうのだが…」となります。You can make your dreams come true with or without money. なら，「夢を実現するには，カネは関係ない」。

(3)は，あるプロ野球選手のはなしで，オープン戦 (英語では an

exhibition game と言います。この場合の exhibition は「非公式の」という意味です）では大方の予想に反してすばらしい成績を残したのですが，今年入団したばかりの新人とあって，現時点で一軍でやっていけるかどうかといった結論を出すのはまだ早い，という文脈での英文表現です。原文は But his real test will come in the months ahead.「本当のテストは今後数カ月先のことだ」。

ここで言うテストとは，その選手に実力が本当に備わっているかどうかを調べる「テスト」,「試練」，つまり,「真の実力の証明」ということでしょう。The exam will come next week. (試験は来週だ)，His real test hasn't come and will not come forever. (彼は実力を証明する機会に恵まれなかったし，今後ともその機会はないだろう)などと活用できそうです。

come と go がセットになった言い回しもよく見かけます。「来ては去る」ということでしょうが，イマジネーションをちょっと働かせると応用範囲がぐーんと広がります。以下の例文をごらんください。

(1) キューバのカストロが政権を樹立して42年以上になるが，その間，米国では9人の大統領が誕生した（大統領が9人も入れ代わった，9回の政権交代があった）。
(2) （今時の若い連中は）勤め始めたかと思うと，すぐに辞めちまう。（仕事が長続きしない，腰が落ちついていない，根なし草だ）

(1)は，「誕生した」よりも「入れ代わった」の部分が，英訳に当たっては重要なヒントになりそうです。「入れ代わる，交代する」を和英辞典で調べるとreplaceが見つかります。Mr. A replaced Mr. B as president of the company. （会社の社長はB氏からA氏に代わった）のような形で使います。それを come and go で表現しようというのです。Mr. A came in as president of the company after Mr. B went out. / Mr. A took the presidency of the company

1 come

following Mr. B's resignation. などのような言い換えも可能です。
　(1)の原文は以下の通りです。

　　During more than 42 years in power, Fidel Castro has seen nine U. S. presidents come and go.

in power は「権力の座にある，政権を担当している」。42年間にカストロは9人の米国大統領が「来たり，去ったりする」のを見てきた，というわけです。「来る」は「就任する」，「去る」は「辞任する」です。
　go には「辞任する，死亡する」の意味もあります。come and go には，単に，「政権交代，新しい大統領が誕生する」というだけでなく，その頻度が高い，つまり，しょっちゅう大統領が入れ代わる，というニュアンスも含まれています。もっとも，これはカストロ長期政権との比較であって，日本やイタリアでは，政権交代はいまや年中行事化していますから，Japanese prime ministers come and go almost every year. ということになります。
　これは，(2)では，よりはっきりした形となって現れます。原文は，They just come and go. で，「来たかと思ったら，もう姿が消えてしまった」。文脈によっては，「落ち着きがない」とか「ひとところにじっとしていられない」，あるいは，「生まれては消え，消えては生まれる」，「よどみに浮かぶうたかたは…」などと，いささか無常観を感じさせる表現としても使えそうです。
　今度は，攻守ところを代えて，come を取り込んだ英文の原文を示し，どのように訳したら自然な日本語になるかを考えてみましょう。

(1)　The results came in two weeks.
(2)　Mitchell, who placed fourth in the Olympic 100-meter in Atlanta, is convinced the best of him is still to come.

Part 2　come

　(1)の results は試験や調査の「結果」です。その「結果」が come したというのは「判明した」とか「分かった」,「公表された」ということでしょう。文脈によっては,「届けられた」でもよいかも知れません。in two weeks は「2週間後に」,「2週間たって」。came out とすれば「判明した」をより強調した表現になります。

　(2)は英字紙のスポーツ面から採った記事の一部で,前半は「ミッチェル選手はアトランタ五輪の(男子) 100メートルで4位になった」という意味です。「何着(位)になる」を英語では place で表現します。finish も使えます。ただし,優勝すれば won the Olympic 100-meter ... になるのは言うまでもありません。

　そのミッチェル選手が,何を convinced「確信している」,何に対して「自信がある」かというと,the best of him (自分のベスト)は still to come (これから来る)ということです。つまり,「アトランタ五輪で4位に入賞したが,まだまだ実力を出し切っていない」となります。「今後も,記録を伸ばせると確信している」と訳してもよいでしょう。

　このような to come の使い方は,in the months to come (今後数カ月は)と同じで,しばしばお目にかかります。プロ野球の選手で,もう35歳を超え,普通ならば,そろそろ引退かというような時に He still has at least three to five years to come. とくれば,「少なくてもあと3～5年はプレーできる,現役でやっていける」となります。

　「事態,状況が大幅に改善する,変化する」のような場合にも come が使えます。ただし,come 単独でというわけには行かず,a long way などの助けが必要になります。

- We've come a long way since 1963, when most of the schools in the South were segregated. (1963年当時,(米国)南部のほとんどの学校は人種隔離されていた。その後,事態は大幅に改善した)

1　come

　come a long way は，文字通り「遠くまで来る」で，ここから派生して，例文のような文脈でも使います。「よくここまでやって来た」，「隔世の感がある，時代は大きく変わった」と訳した方がよいケースもあるでしょう。

　似たような表現に come far があります。たとえば，"Just think how far we've come in the last decade." とあれば，「この10年間の進歩を考えてみてください」，「この10年間の変わり様といったら…」という意味です。

　遠くまでドライブして，「どのあたりまで来たの？」と聞きたければ "How far we've come?" となります。

　しかし，全く同じ言い回しが，場合によっては，「仕事の進捗状況はどんな具合だ？」というような意味を持つこともあります。この問いに対して，We've come as far as we could. との返答が戻ってくれば「精一杯やっています。がんばっています」，We haven't come as far as we were supposed to. だったら，「予定よりは遅れている」ことになります。

　come all the way になると「はるばる，わざわざ」の意味が込められます。He came all the way from Washington with me today. は「本日，彼はわたくしに同行してはるばるワシントンからやってきてくれました」という意味です。

　また come には，スラングで「オルガスム〔性的絶頂感〕に達する to experience [have] an orgasm; to achieve a sexual orgasm; to reach a sexual climax」，もっと平たく言えば「イク」という意味があることも覚えておいてよいでしょう。これは女性，男性を問わず使います。come off にも同じ意味がありますが，これは主として男性の行為についての表現です。I came twice.「わたしは絶頂感に２度達した／２度イッタ」というように使います。関心のある方は，スラングを扱った専門の英語辞典が多数出版されているのでごらんください。

　スラングとしては come clean もよく登場します。「白状する」，

Part 2　come

「(警察での尋問に対し) 自白する」という意味で，日本では新聞社の警察担当記者が「ホシはゲロッたんですか？」などと言ったりします。「ホシ」は容疑者，「ゲロする」は「自白する」。
- "We want you to come clean."（白状したらどうだ）
- "I wish you'd come clean with me about this problem."
（この件について包み隠さずお話いただきたかった）

Joke コーナー

"One mousetrap, please, in a hurry. I have to catch a bus."
"Sorry, sir, our traps don't come that big."

「ネズミとりをひとつ頼むよ。急いでるんだ。バスに乗り遅れそうなんで」

「ごあいにくですが，そんなに大きなネズミとりは置いてません〔この店では売っていません〕」

* I have to catch a bus. は「バスに乗らなければならない」という意味ですが，この文脈では「(ネズミとりで) バスを捕まえなければならない」とも解釈できます。そこで，店員の「うちにはバスを捕獲できるほど大きなネズミとりは売ってません」がジョークになります。don't come that big は「そんなに大きくはない」。

2 come back

「経済が活力ある成長を回復する」

I believe with good policy from the Fed, as well as good fiscal policy, that we can recover, that that robust (economic) growth we all hope for will come back.

米連邦準備制度理事会の政策，ならびに財政政策に誤りがなければ，景気は回復し，われわれの期待に応えて，経済が活力ある成長を回復するものと考えています。

(2001年5月11日のブッシュ大統領の記者会見から)

come backは「帰ってくる，戻って来る」を意味の原点とする熟語です。上記の事例で言えば，「力強い経済成長が戻って来る」→「経済が活力ある成長を回復する，取り戻す」となります。「帰ってくる」を起点としながら前後関係，文脈によって，どのように姿を変え，世界を広げているかは以下のリストから推測できるでしょう。

(1) 会社を「再建する」
(2) (スポーツの試合で)「反撃する」
(3) 株価が「値を戻す」
(4) 「戦死する」(否定形で)
(5) 信頼を「回復する」
(6) 人を「引きつける」
(7) 「回答する」
(8) 議会が「再開する」
(9) 職場に「復帰する」

(10) 学校に「復学する」
(11) 停電していた電気が「復旧する」
(12) 店舗が営業を「再開する」
(13) 「思い出す」
……

　思いつくままにあげても，come back はこれだけ広い意味で使われています。とはいえ，「帰る，戻る」を共通の根っことして，そこから派生していることは容易に想像がつきます。
　それでは，(1)-(5)について例文を示し，come back が実際にどのように活用されているかを紹介しましょう。

(1) The company has come back though it had almost gone under. （その会社は一時はつぶれかかりながらも，立ち直った）
　go under の例文と解説は206ページをごらんいただくとして，このことばには「倒産する」の意味があります。「倒産する」を１語で表現すれば fail ですが，go を使って go bankrupt, go bust, go belly up（腹を上にする。これは，さかなが死ぬと腹を上にして水面に浮き上がってくることからの連想です），go into bankruptcy，などと go を使った言い回しが多数あります。この例文では almost gone under ですから，「倒産しかかった」です。その会社が come back したわけですから，「再建に成功した」ということになります。
(2) We came back from nowhere. To fight back once and then come back again in the 12th inning is not disheartening. （（野球で大差をつけられたのに）反撃できた。１度ならず反撃し，12回にも反撃した。（結局，試合には負けたが，）よくがんばった）
　She came from nowhere. といえば，「（歌手や俳優が）無名から（一躍）有名になる」，We came back from behind to win the game. は「試合で逆転勝ちした」。
(3) Some technology issues have already come back, and thus

are attracting fresh attention on the Wall Street. (ハイテク株の一部はすでに値を戻しており，ウォールストリートで新たな注目を集めている)

株価のはなしでは high technology issues とせず，technology issues だけで「ハイテク株」を指します。

(4) He went to Iwojima. He never came back. They sent me a wire saying he was dead. (彼は硫黄島で戦い，二度と戻ることはなかった。（しばらくすると）戦死したとの電報がわたしの元に届いた)

How many will not come back? なら「戦死する者はいかばかりか。何人が無事に戻ってくるやら」です。

(5) We believe public confidence [trust] will come back. (国民の信頼を回復できる〔取り戻せる〕と思う)

「回復できる」は，つい restore を使って We believe public confidence will be restored. とか，win back を登場させて We believe we will be able to win back public confidence. とでもしたくなるところなのですが，この事例のように come back でも OK なのです。まさに伏兵にしてやられた，というところです。

また，come back を1語にして comeback とすれば名詞になります。以下のリストは名詞として使われている例文です。

・He has made a perfect comeback after being sidelined for one year due to knee injuries. (ひざの故障で1年棒に振ったが，見事に復活〔カムバック〕した)
  ＊sidelined は「（けがで）スポーツの試合などに出場できなくなる」。
・The sokaiya are making a comeback. (総会屋が活動を再開しつつある。総会屋の動きがふたたび活発になってきた)
  ＊「総会屋」は複数でも s を付けません。
・The new scandal is threatening his comeback as a politician. (新たな不祥事が起きて，彼の政治家としての復帰が危ぶまれている)

Part 2　come

- It is quite a comeback for the PHS-service providers.（(携帯電話に顧客を奪われていた) PHS 電話会社が大攻勢に出ている）
- After a prolonged slump, the U. S. real-estate market is now making a strong comeback.（長年低迷していた米不動産業界がにわかに活況を呈してきた）

Joke コーナー

The resort was so dull, one day the tide went out and never came back.

その（海辺の）避暑地はとても退屈なところで，潮のヤツもいったん引いたと思ったら二度と戻ってこなかった。

＊tide とあるので，この避暑地は「海辺の」と補足しました。この例文から，潮が「引く」の反対，「満ちる」は go out だということが想像できます。

I did well in Las Vegas. Drove there in a $4,000 car and came back in a $20,000 bus.

ラスベガスでは一山当てたよ。行きは4,000ドルのクルマで，帰りは2万ドルのバスだったからな。

＊何のことはない。この人はラスベガスで一山当てたどころか，大損をしたのです。つまり，行きは自分のクルマで行ったのに，ギャンブルでスッテンテンにされ，自動車を処分したけども，その分も巻き上げられ，帰路はバスに乗らざるを得なくなったというわけです。バスは買えば2万ドルぐらいしそうなので came back in a $20,000 bus となります。4,000ドルの自動車というのは処分したら4,000ドルで売れたということでしょう。

3 come down

「電気料金やガソリンなどの価格下落が望ましい」
The President does think that the (energy) prices should come down.
大統領は（電気料金やガソリンなどの）価格下落が望ましいと本気で考えている。
（フライシャー大統領報道官の2001年5月31日の記者会見から）

　これは，大規模な停電を引き起こしたカリファルニア州の電力不足に言及しての発言です。energy prices とは電気料金（power [electricity] bill）や高騰したガソリン価格（これが電力料金上昇の一因にもなりました）について，ブッシュ大統領は価格下落を支持していることを報道官が記者団に説明しています。
　原文の does think は think を強めた言い方ですから，「本気で考えている」と訳してみました。わざわざ does think と強調したのは，ブッシュ大統領が大手石油会社の利益を優先し，石油価格の上昇に歯止めをかける，または，価格下落のための思い切った手を打てないのではとの見方を否定したいという意図が強く働いたためでしょう。
　それはともかく，come down の意味は「下がる，落ちる」が基本です。物価であれば「下落する」，雨ならば「降る」，爆弾テロでビルが爆破され，大量のガラス片が落下してきたら「降りそそぐ」，殺人や強盗事件に関しては，凶悪犯罪の発生率が「低下する」などの例が考えられます。以下に具体例を8つ紹介します。

Part 2　come

(1) It all comes down to this: What do you want to do with this moment of prosperity? (要するに，現在の経済的繁栄の勢いをどのように活用するかということです)

(2) The crime rate has come down. (犯罪率が低下してきた)

(3) Initiatives for environmental programs do not always come down from the government. (環境改善計画は常に政府が音頭を取る〔政府主導で実行する〕とは限らない)

(4) I just want to say a couple of more words before the rain comes down. (雨が降って来るまでに，もう少しおはなししたいことがあります)

(5) Production costs have come down. (生産コストが下がってきた)

(6) Perspiration came down her face in streams. (汗が滝のように彼女の顔を流れ落ちた)

(7) The Vice President said OPEC is not to blame for high gas prices. An administration person from the Energy Department testified that OPEC is responsible. Where the President comes down on this? (ガソリンの価格高騰はOPECのせいではないと副大統領は発言していますが，エネルギー省の担当者はOPECの責任を認めています。この問題についての大統領の考えをお聞かせください)

(8) He has come down with a bad cold. (彼は悪性の風邪にかかって寝込んだ)

(2), (4), (5), (6)が「下がる，落ちる」の延長線上にあるのに対し，(1)の例文はちょっとやっかいだと思われますので，背景を手短に説明します。

この例文は，クリントン前大統領が1999年7月16日，アイオワ州の州都デモイン（Des Moines）で行った演説からの引用です。空前の好景気を背景に財政がかつての赤字から大幅な黒字に転換したことに触れ，民主党は黒字を社会資本投資に振り向けるべきだと主

3 come down

張したのに対し，共和党は減税として納税者に還元するよう求めて意見が対立していました。

そのような文脈で It all comes down to this ... との発言があったのです。財政黒字の使途についていろいろ議論はあろうが，「結局，詰まるところは，要するに，肝心なのは」という意味になります。類似の表現でしばしば登場するものとしては boil down to ... があります。「議論が煮詰まって…という結論になる」という意味です。

(3)の come down from the government も「下がる，落ちる」をそのままあてはめるのはちょっと無理がありそうです。直訳すれば「政府から降りてくる」ということですが，「政府主導で」とか「政府の音頭取りで」ぐらいまで表現を磨かないと，日本語としては通用しないでしょう。

(4)については，中学時代に英語の先生から「雨が降る」を英語では必ず It rains. というのだと聞かされたことを思い出しました。長ずるに及んで，その先生の指摘は必ずしも正しくないということは分かってきましたが，この例文もその証左となるでしょう。

発言の主はこれもクリントン前大統領でした。

(6)の perspiration は「汗」のことです。「汗」にあたる英語には sweat もありますが，perspiration の方が sweat より「上品だが堅い語」との説明が大修館書店発行の『ジーニアス英和大辞典』に載っています。sweat は「汗の臭い」を連想させることばで，そのような英単語を使ったスポーツ飲料が日本の大手製薬会社から発売されていることについて，その神経が理解しがたいというはなしを，米国人から聞いた覚えがあります。

(7)は「大統領はこの問題についてどこへ降りてくるか」ということで，「大統領の立場は」とか「大統領の考えは」ということです。

come down to ... では以下のような言い回しも広く応用できます。

・His hair has come to his shoulders. （彼の髪は肩まで伸びた）

Part 2　come

- We came down to details of the plan.（計画の細部を検討した）
- The ring has come down to me from my grandmother.（その指輪は祖母から譲り受けたものだ）
- He came down to selling matches on street corners.（彼は街角でマッチを売るまでに落ちぶれた）
  * 「落ちぶれる」は come down in the world でも表現できます。
  → From the clothes that he wore, I could see that he had really come down in the world.（彼のなりを見て，本当に落ちぶれたことがよく分かった）

(8)の come down with ... は「病気にかかる」(catch a disease) という意味です。

come down ... がらみのイディオムとして覚えておくと重宝すると思われる例文をいくつか紹介しましょう。

まず，come down to earth ((夢から覚めて) 現実に戻る) です。

- I'm glad my son has come down to earth and stopped dreaming of being rich.（金持ちになろうなどという夢から息子が目覚めてホッとしています）
- Try to come down to earth and face reality.（夢から目を覚まして，現実を直視せよ）

come down on ... となると，「…を厳しく批判する，非難する，しかる，強く要求する，攻撃する」という意味になります。

- The boss came down on Jim for being late.（ジムが遅刻したので，上司は彼をしかった）
- The debt collector came down on us for payment.（借金取りの厳しい取り立てにあった）
- Mother came down on me to clean my room.（部屋を掃除するよ

3 come down

う母に厳しく言われた)

「批判」,「非難」の程度を強調し「猛烈に」と言いたければ, come down on ... に like a ton of bricks (1トンのレンガのように) を付け加えます。1トンではなくて, a hundred [thousand, a load of] bricks になることもあります。

・The sergeant came down on him like a ton of bricks. (軍曹は彼を激しくどやした)

Joke コーナー

They advertised running water in every room, but I didn't expect it to come down from the ceiling.

「全室水道付き」を売り物にしているのは知っていたけど, まさか天井からも水が落ちてくるとは思わなかった。

＊ホテルの宣伝をヒントにしたジョーク。come down from the ceiling は, もちろん, ホテルの部屋が雨漏りした, ということです。

Santa Claus doesn't come down through the chimney anymore but through a large hole in your pocketbook.

サンタクロースが煙突を降りてやってくるというのは昔のはなしで, 昨今は, (両親の) 財布に空いた大きな穴がサンタさんの通り道だ。

＊財布のくだりは, クリスマスになると, 子供たちにプレゼントを買い与えなければならず, 親にとってはいろいろ物入りで, 財布に大きな穴が空いて, そこから, お金がどんどんなくなっていく様子を表わしています。

4 come from

「私は州知事から大統領になりました」
I come from the governors ranks.
わたしは州知事から大統領になりました。
（ブッシュ大統領の2001年4月3日のラジオ演説から）

　come from を使った例文はたやすく見つかります。大統領の演説，新聞，週刊誌，日常会話のいかんを問わず，come の仲間では最も頻繁に登場するイディオムの1つでしょう。

　上の例文で取り上げた come from は「…の出身だ，生まれだ」の意味ですっかりおなじみです。rank は軍隊における「階級」を指すこともありますが，ここでは「州知事職にあった，州知事経験者」ということでしょう。join the ranks of the unemployed は「失業者の仲間入りする」→「失業する」となります。

　come from ... の例文のいくつかを以下に紹介します。

(1) I can't disclose where the money comes from.（金の出所は明かせない）
(2) A request for a personnel increase of more than 30 came from the government agency.（その政府機関は30人以上の増員を求めている）
(3) He teaches 11th and 12th grade students, most of whom come from white, middle-class homes.（彼が（学校で）受け持っているのは高校2－3年生で，両親の大半は白人で，中産階級の家庭だ）

4 come from

(4)　The growth in the number of Internet users has mainly come from newcomers who are older, have less money and are less educated. (インターネットの利用者が増えているのは，比較的高齢者で，経済的にもあまり裕福でなく，教育程度も低い層の利用者が増加しているのが主たる理由だ)

(5)　We will be receptive to ideas that come from Congress. (議会から提案があれば，耳を傾けるつもりです)

(6)　Very few people call him Harry in his office. But he rather enjoyed it when it came from her. (職場で彼を「ハリー」とファーストネームで呼ぶ者はほとんどいなかったが，彼女に言われるととてもうれしかった)

(7)　The figures come from a Ministry of Health and Welfare survey on eating habits. (データの出典は厚生省の食事行動に関する調査だ)

(8)　Support for this program comes from Company A. (この番組はA社の提供でお送りします)

(9)　The question came from the newspaper reporter. (その新聞記者が質問した)

(10)　The specific policy recommendations on this pending juvenile crime wave came from a Princeton University professor. (少年犯罪の急増に対してとるべき具体的な政策提言をまとめたのはプリンストン大学の教授だった)

　come from … は基本の意味さえ理解していれば，前後関係や文脈が変わっても，どう日本語に翻訳するかは別にして，解釈に困ることはないでしょう。
　たとえば (1)であれば，お金が「どこから来るか」ということですから「出所」とか，場合によっては「出資者」。「…から送金される」がぴったりだというケースもあるかもしれません。
　おもしろいのは (4)の事例でしょうか。この come from … は

Part 2 come

「因果関係」のうち「原因」を表わしています。「結果」はインターネットの利用者が増加したことで，その「原因」に触れた部分でcome from ... が登場します。英語のできる人なら，こうしたケースでは，

The growth in the number of Internet users is mainly attributed to newcomers who are older, have less money and are less educated.

などとしたくなるところでしょう。come from も使えると分かって「なーんだ」と肩すかしを食った気分になるかもしれません。

この部分をもっと簡単に，前置詞1語で済まそうとしたら以下のようになります。

Behind the growth in the number of Internet users are newcomers who are older, have less money and are less educated. / Newcomers who are older, have less money and are less educated are behind the growth in the number of Internet users.

behindには「…の原因としては」の意味があり，新聞の経済，ビジネス面では，こうした用法をよくみかけます。

(6)は，なかなかイミシンです。Harryという男は，その職場のえらいさんでもあるのでしょうか。ほとんどの人は Mr.～とか呼んでいるのに，くだんの女性は親しみを込めて「ハリー」とファーストネームを使っているというわけです。その女性の声がcame fromを，「…から来た」ではさまになりませんから，日本語訳は「彼女にファーストネームで呼ばれた」としておきました。

(8)は This program is presented by Company A. というような英語表現の方が，日本人にはなじみがあるかもしれません。

4　come from

　同様に，⑽の「政策提言をまとめる」もpolicy recommendations were compiled とか policy recommendations were put together とでもする方が日本人英語学習者にとっては安心できそうな気がしますが，come from ... も使えるわけです。

Jokeコーナー

Every time I pass our post office I notice a terrible smell. That must come from the dead letters.

郵便局の前を通るたびに激しい異臭を感じるのだが，あれはきっと，手紙の死臭に違いない。

＊人間や動物が死んでそのまま放置すれば死臭を発します。受け取り人不明で，しかも，差出人の住所が書いてないために送り返すこともできない手紙を dead letters（死亡した手紙）といいます。

　郵便局にはそうした手紙が一定期間保管されています。死んだ手紙だから，きっと死臭がするに違いないというのがこのジョークのオチ。

You know what I can't understand? Here's Adam and Eve. He's incredibly handsome and she's indescribably beautiful. So where did all the ugly people come from?

これは一体どうしたことだ。まず，アダムとイヴが誕生した。アダムは超美男子で，イヴは絶世の美人だった。だとしたら，この世の醜男と醜女はどのようにして生まれたんだろう。

＊旧約聖書によれば，アダムは最初の人間。イヴはアダムの妻で，神が創造した最初の女性ということになっているので，その2人を共通の祖先として持つわれわれはすべて，美男，美女のはずだが…，というのがこの人の疑問です。

5 come in; come into

「税収入は当初予想よりも400億ドル増えそうだ」

Even though the economy ground down to growth of one percent in the last quarter, 40 billion dollars more will come into our Treasury than we thought.

前四半期の経済成長率は1％にとどまったが，税収入は当初予想よりも400億ドル増えそうだ。

（ブッシュ大統領の2001年4月2日の演説から）

---

ground は grind の過去形で，「粉をうすで引く」というのが英和辞典の最初に出てくる説明ですが，このケースでは「列車や自動車がギシギシと音を立てながらゆっくり進む」。経済で言えば「減速する」。景気は下降線をたどっているのに，40 billion dollars more than we thought.（当初の見通しより400億ドル多く Treasury（財務省）に入ってくる）ということは「税収が400億ドルも増える」ということです。

come in と come into が登場する英文と日本語訳をそれぞれ5つずつ以下に例示します。

(1) Reports of the airplane crash started coming in.（飛行機墜落の情報が飛び込んできた）
(2) That is where a soccer-based sports-promotion lottery comes in.（（スポーツ施設の建設費用が不足している。）そこで，サッカーくじを実施し，資金をひねり出そうというわけです）
(3) The operating profit at the company came in at 2.1 billion

5　come in; come into

yen.（同社は21億円の営業利益を計上した）

(4)　She came in third.（彼女は第3位だった）

　＊「ビリだった，どんじりだった」は She came in last.

(5)　Whoever comes in now won't be able to get the team changed in a year.（だれが監督になっても，1年でチームを変革することはできない）

(6)　President Clinton came into August with solid job-approval ratings in the mid-50-percent range.（8月になっても，クリントン大統領の支持率は50パーセント台半ばを維持していた）

(7)　On his death she came into the sum of 1 million dollars. [She came into 1 million dollars when he died].（彼が死んで，彼女には100万ドル（の遺産）が転がり込んだ）

(8)　You've come into my life.（あなたは，わたしにとってなくてはならぬ人になった）

(9)　The bank came into existence through a merger.（その銀行は2つの銀行が合併して誕生した）

(10)　The hotel came into view [sight].（ホテルが見えてきた〔ホテルが視界に入ってきた〕）

　(1)はニュースだったので「飛び込む」と訳しましたが，このケースの come in は「到着する」というのが基本的意味です。文脈によっては以下の例のように「入荷する」，「配達される」ともなります。

・As soon as the fresh vegetables come in, we put them on sale.（新鮮野菜が入荷次第，店頭に並べる）
・Five more letters of complaint came in today.（今日になって苦情の手紙がさらに5通届いた〔配達された〕）

　(2)に注目してみましょう。

Part 2 come

That is where ... lottery comes in. というのは直訳すれば「そこへ〔そこで〕サッカークジが入ってくる」。もう少し、こなれた訳にしたければ、「そこで、サッカークジを実施しようということになった」、「サッカークジの発想〔アイディア〕が浮かんだ」ではどうでしょう。

これはいろいろ応用ができそうです。たとえば、同僚5～6人でどこかへ飲みに出かけることになったところまではよかったのですが、適当な場所が思いつかない。思案していると、万年宴会幹事の田中さんが登場。「ここにしたらどう」と、いいところを教えてくれた。そんな時に That's where Tanaka-san came in. と使うわけです。

(3)は新聞記事でよくみかけます。came in at は came to に言い換え可です。The operating profit at the company came to 2.1 billion yen. とします。come 以外では totaled, marked, posted なども使えます。

阪神タイガースの監督に野村さんが就任したけど (2001年12月に退団)、トラさんの低空飛行は相変わらず。そうした現状を come in を使って表現しなさい、なんていう試験問題が出ることはまずないと思いますが、もし、あったとしたら、模範解答になりそうなのが(5)です。comes in のすぐあとに as manager を補い、Whoever comes in as manager ... としてみるとよりはっきりするでしょう。ついでに言えば、野球の監督は manager ですが、サッカーの監督は coach です。get the team changed は「チームを変える」ですが、「チームを建て直す」なら turn the team around です。turn around は業績不振の会社経営を「再建する」、赤字会社を黒字会社に「転換する」の意味で、しばしば登場します。

(5)の come in は「参加する、参画する、加わる」。My father started the insurance firm, and I came in when I was 25. (父が設立した保険会社に25歳で入社しました) などと使います。

(7)の come into ... は「…(お金、財産)を手にする」。このケー

5 come in; come into

スは遺産ですから「遺産を手にした，遺産が転がり込んだ」。

プロポーズの殺し文句に使えそうなのが (8)です。これは男性から女性に対してでも，その逆でも OK です。なにしろ，「わたしの人生に入り込んできた」というのですからただごとではありません。そんなせりふを熱くささやきかけたこともあったが，「その相手とはすでに手が切れました」は，She (He) has gone out of my life. / We have broken up. (手が切れた) となります。これを Our hands have been cut off [severed]. などとくれぐれも直訳しないように。

come in, come into のイディオムを紹介します。

- You are going to come in for a nice reward. (あなたは大きな報酬を受けることになるでしょう)
  * come in for は批判を受けるような場合にも使います。次例がそれです。
- The report came in for a lot of criticism. (その報告書は厳しく批判された)
- This dictionary will come in handy some day. (この辞書はいずれ役に立とう)
- Can I come in on this deal? (この取引に一枚加えていただけませんか？)
  * come in on は「(事業などに) 参加する」。
- Your suggestion has come in useful a number of times. (あなたの助言に救われたのは一度や二度ではありません)
  * come in useful は「役に立つ」。
- Ichiro and Saburo come into conflict over everything. (イチローとサブローはどんなことでも対立する)
- This company came into being in 1970. (この会社は1970年の創立だ)
- The income tax cuts came into effect in April. (所得税減税は4

Part 2　come

月に実施された）
- Short hair and short skirts came into fashion [vogue] at the same time.（ショートヘアとショートスカートが同時に流行した）
  * come into fashion は「はやる」，反対の「廃れる」は go out of fashion。
- The country came into existence in 1950.（その国は1950年の建国だ）
- Now they have explained the key issues, everything comes into much sharper focus.（核心となる問題についての説明があったので，すべての輪郭がずっと明確になってきた）
  * come into focus には文字通り「焦点が合う」の意味もあります。→ The object comes into sharp focus.（その物体にはっきりと焦点が合う）
- New laws to control rising prices have come into force.（物価統制法が施行された）
  * come into force は「（法律などが）施行される，実施される」。
- He'll never come into line with the majority view.（あの男が多数派の意見に同調することは絶対ないだろう）
  * come into line は「一列に並ぶ」，「一致する」，「同調する」。
- A lovely tune came into my head.（美しいメロディーが頭に浮かんできた）
- Mother has come into her own since the children left home, and is making a new life for herself.（子供が（成長して）家を出たので，母は独り暮らしを始め，新たな人生を歩もうとしている）
  * come into one's own は「独立，自立する」，「一人前として認められるようになる」。
- Why don't you come into the open and say exactly what's on your mind?（どうして自分の考えをはっきり表明しないのだ）
- If we want to sell abroad, a new set of factors —— different

tastes, local competition and so on —— come into play. (外国で物を売るには，相手国の消費者の好みとか現地企業との競争条件などが重要な要素になってくる)

* come into play は「影響を持つ」,「重要になる」,「作用する」,「活動を始める」。

・Police asked the murderer how the gun had come into his possession [how he had come into possession of the gun]. (警察は殺人犯に銃の入手経路をただした)

・The Bush government came into power in January 2001. (ブッシュ政権は2001年1月に誕生した)

* come into power は「政権を握る」,「(首相，大統領に) 就任する」,「即位する」。

・When do ducks come into season around here? (このあたりでカモ猟が解禁になるのはいつですか？)

・The railway came into service last month. (その鉄道は先月，開業した)

Joke コーナー

"Sir, I just hope your tie was red when you came in."
「お客さま，店に入ってきたとき，ネクタイは赤色でしたよね。」

* これは散髪屋さんでのひとコマ，といえばおおよその察しはつくでしょう。店員がひげを当たっている最中にちょっと手を滑らせてしまい，ひげ剃りで客の顔にけがを負わせてしまいました。かなりの深手で，出血がなかなか止まりません。ネクタイまで赤く染まったみたいです。でも待てよ，このネクタイ，最初から赤色だったんじゃないかな。そうだといいんだけど…。

6 come out

「報告書が公表されるまで待ってほしい」
You must wait until the report comes out.
報告書が公表されるまで待ってほしい。
（ブッシュ大統領の2001年5月3日の記者会見から）

　「報告」とくれば，come out は「公表される」とか「発表される」ということでしょう。You must wait until the report is released. とか You must wait until the report is made public. などと言い換えも可能です。
　だれかのスキャンダルを嗅ぎつけ，これをネタに現金を脅し取ろうなんて考えた blackmailer なら，次のようなセリフでゆすりにかかるかも知れません。

- I'm sure you wouldn't want to have all this come out in the news. (こんなことがみんなマスコミで報道されたら困るだろうね)

　ここまで言われれば，よほど鈍い人でないかぎり相手が何を要求しているかは分かるでしょう。in the news は新聞やテレビで報道されること。in the news がなくて，... come out. で文章が終わっていれば，「こんなことが知れ渡ったら，こんなことが明るみに出たら」となります。
　「新聞ざたになる」は come into the press も使えます。ここが英語のおもしろいところで，同じ内容でも，それをどのように表現するかとなると，実に多様です。というか，同じ表現をできるだけ避

けようという意識が日本人と比べるとはるかに強く働いているようにわたしには思われます。

以下の3つの例文も「明るみに出る」,「公表される」の意味でcome out を使っています。

(1) A lot has come out that wasn't available to the commission.
(委員会では報告されなかった多くのことが明らかになった)

available to the commission は「委員会が入手する」ということですから,wasn't available to the commission は「委員会に報告されなかった」。語法としては available *to* ... となることに注意してください。

新聞やテレビの報道番組で He was not immediately available to comment. という言い回しをよく聞きます。ある政治家に対し,地検特捜部が近く脱税の疑いで強制調査に着手しそうだとのうわさが広がってきたので,本人をつかまえてコメントをとろうとしているけど連絡がつかない。秘書に聞いても,どこにいるか分かりません。そんなときに「本人のコメントはとれませんでした」という意味で使います。

(2) "It'll all come out at trial." (真相はすべて裁判で明らかになろう)

(3) These accounts about the mass killings are now coming out.
(大量虐殺に関するこうした情報〔記述,はなし〕が明らかになりつつある)

同じ「出てくる」でも,次の例文はおもしろいケースだと思います。どう訳すか,ちょっと工夫がいるかもしれません。

They all looked as though their faces came out of one same mold.

Part 2　come

　mold は鋳物をつくるときに使う「鋳型」です。one same mold は「同じ鋳型」。their faces came out of one same mold は「同じ鋳型から出てきた」。as though は「まるで」ですから，つなぎ合わせると「まるで同じ鋳型から出てきたような顔をしている」。手元の英和辞典は be out of the same mold を「よく似ている」と説明しています。

　そうです，最近の若者はみんな同じような顔つきで，「まるで金太郎アメみたいだ」というような発言を一時，よく聞いたことを思い出しました。この英文はまさにそれにあたります。「金太郎アメってなーに？」という声も聞こえてきそうですから，岩波の国語辞典（第5版）の説明を引用しますと，「どこを切っても，断面に金太郎の顔が現れるように作った棒状のあめ」とあります。わたしも子どものころによく食べた思い出があります。

　come out は企業の製品などとの関連でもよく登場します。次の例文をごらんください。

(1) I'm not interested in the model that has recently come out.（最近発売されたあのクルマは好きになれない）
(2) Shipments of the video game machines will depend on whether the company can come out with hit software.（ゲーム機の売れ具合は人気ソフト次第だ〔人気ソフトを開発できるかどうかだ〕）
(3) To come out with a new drug, companies have to spend at least 10 billion yen.（ひとつの新薬を開発するためには最低100億円の開発費がかかる）

　(1)の come out は「発売される」ということですが，(2)は「発売する」とも「開発する」とも解釈できます。ついでに言えば，(2)の software は不加算名詞なので，複数形にはなりません。ゲームソフトを数えるときは a software title とか，a software package を

6 come out

使います。

(3)の come out は「開発する」と訳すしかなさそうです。(1)が製品を主語とし，その場合は come out なのに対し，企業が主語になって新製品を発売するとか，開発するというときには come out with ... となることに注意してください。

「これも come out が使えるの？」というようなケースを以下に例示します。示された日本語を英語でどう表現するかを考えてみましょう。

(1) 絞りたての牛乳が温かいものだと分かって，ほとんどの生徒が驚いていました。
(2) すべて，順調にいったのか。

(1)はニューヨークの小学校の遠足で，児童を郊外の牧場に連れていったときのはなしです。子供たちは，スーパーマーケットで購入し，冷蔵庫で保存した紙パック入りの牛乳しか飲んだことがなく，牛乳は冷たいものだとばかり思い込んでいました。ところが，絞りたての牛乳はウシの体温そのままですから温かかった。そこでびっくりした，というはなしです。come out が登場するのはミルクが乳牛の乳房から出てくるところで，英文は次のようになっています。(2)の原文も一緒にどうぞ。

(1) Almost everyone was surprised that cow's milk came out warm.
(2) "Did everything come out all right?"

(2)の come out は「(結果が) …になる」という意味です。「すべてうまくいったか？　順調だったか？」となります。

come out には「自分が同性愛者であることを認める，公表する」という意味もあり，スラングでよく使います。ですから When did you come out? は「いつ同性愛者だということを公表したの？」という意味になります。come out of the closet も同じ意味です。closet は「衣類などを収納する物置」,「私室」,「秘密の場所」のことで,そこから出てきて「姿を現す」という言い回しから「同性愛者…」の意味が発生します。同性愛者であることを隠しているのだとすれば,to be in the closet です。

come out に of を付けて come out of ... を使った表現も,登場回数では come out に引けをとりません。out of は「…から」ということで,I came out of a dream. のようなケースで説明すると分かりやすいでしょう。これは「夢から出てきた」→「夢からさめた」。それを念頭に次の例文を検討してみましょう。

(1) We want something constructive to come out of this debate.
(2) Anything you drink will just come out of the other end.

(1)の something constructive は「建設的なもの」。this debate は「この討論会」ですから,1つにつなげると「この討論会が建設的なものとなることを望んでいる」。さっそく応用して,Nothing came out of the debate. とすれば「討論会を開いたが何の成果もなかった」。

(2) はどうでしょう。anything you drink は「あなたが飲むどんなものでも,あなたが飲むものならなんでも」。come ouf of ... は「…から出てくる」。

ここまではよいとして,ちょっと分かりにくいのは the other end です。直訳すれば「もうひとつの端,もう一方の先端,終点」です。the other ... という以上,the end はもう1つあるはずです。はてな？ としばらく考えてやっと合点がいきました。

ここでは,飲み物のはなしをしています。飲み物は口から入ります。これが,入り口で,その出口,つまり,飲んだものが排出される出口を指して the other end と言っているのです。原文に沿って,

6　come out

持って回った言い方をすれば,「摂取した飲料物はどんなものであれいずれ(消化器官の)末端から排出される」。内容をとって即物的に翻訳すれば「水っけのものはすべて小便〔おしっこ〕になる」。

「come out＋前置詞」のイディオムをもう少し点検してみます。

- The politician came out strongly against any change to the existing law. (その政治家は現行法のいかなる改正にも強く反対するとの立場を鮮明にした)
  * come out against は「…への反対を表明する」。単なる反対ではなく,反対の立場をはっきりさせる,というニュアンスが強く出ます。
- The figures come out at 50,000 yen. (総額で5万円になる)
- The railway workers have come out for more pay. (鉄道労働者が賃上げを要求してストを決行した)
- The trade union came out for Tanaka, who was running for mayor. (労働組合は市長選で田中候補を支持した)
- She came out in kimono. (彼女は着物姿で外出した)
- The mayor came out in favor of more public housing. (市長は公営住宅増設に賛成の立場を明確にした)
  * come out in favor of ... は「…に賛成の立場を表明する」。
- He had the courage to come out in the open and say what he really thought. (彼は勇気のある男で自分の考えていること正々堂々と表明した)
- Don't worry. It will all come out in the wash. (心配するな。すべてうまく行くから)
  * come out in the wash は,洗濯すれば汚れやシミが除去されるように,最後にはちゃんときれいに収まるだろう,ということです。
- The storm came out of nowhere. (突然,嵐になった)
- We have orders coming out of our ears. (大量の注文を抱えてい

る〔注文が殺到している〕）
  * come out of one's ears は「大量にある」。
- She has slightly come out of her shell since she went to university.（大学生になってあの娘はちょっと社交的になった）
  * come out of one's shell は「殻から出て，他人と交わるようになる，打ち解ける」。
- The news of the firm's failure came out of the blue —— everyone thought the company was very successful.（その会社が倒産したとの知らせはまさに晴天のへきれきだった。業績は順調だとだれもが思っていた）
  * come out of the blue は「予想外の事態が発生する，突然起こる」で，「すばらしいアイディアがひらめいた」は，A really good idea came out of the blue. と表現できます。
- Even with the taxes and increasing costs, we've managed to come out on the right side.（税金だとかコストの上昇はあったが，なんとか利益を確保できた）
  * come out on the right side は「(会社が) 利益を出す」。「赤字になる」は come out on the wrong side といいます。
- He has the ability to come out on top even when everything goes against him.（どんな逆境にあっても，成功する〔勝者になる〕

Joke コーナー

Mrs. Isaac Newton: "Another apple just fell off the tree, dear. Why don't you come out and look at it —— maybe you'll make another discovery."

ニュートン夫人：「あなた，ちょっと外へきてみて。リンゴがまた1つ木から落ちたわよ。何か，新しい発見ができるかも知れないじゃない。」

能力を彼は持っている)

・The publisher decided not to come out with the book. (出版社はその本の出版見送りを決めた)

　＊ come out with は「出版する」。これには「発表する」,「(突然) 発言する」,「秘密を漏らす」などの意味もあります。次の例文を参照してください。

　　It was over an hour before the president came out with an explanation. ((事故の発生から) 1時間以上たってから, 社長が説明に現れた)

7 *when it comes to; come to*

「子どもの教育に関しては党派を越えた協力が重要です」
When it comes to education of the children, it is right for people of both parties to come together.
子どもの教育に関しては，(共和，民主両党の) 党派を越えて協力することが重要です。
(ブッシュ大統領の2001年4月11日の演説から)

ブッシュ大統領の演説や記者会見で，come を使った言い回しとして最も頻繁に登場するのは何かと聞かれたら，詳しい統計的根拠があるわけではありませんが，ここで取り上げた when it comes to ... ではないかと思います。ブッシュ大統領の個人的な英語表現上のクセということもあるのでしょうが，それだけ，応用範囲が広いというのも，登場回数が多くなる理由と言えるでしょう。つまり，覚えておいて損はないということになります。

それでは，when it comes to ... をどのように日本語に訳したらよいかというと，上の例文からもお分かりのように，「…に関しては」，「…については」が基本と言えそうです。もう1つ例文を紹介しましょう。これもブッシュ大統領の演説からの引用で，教育をテーマにしています。

(1) "One size does not fit all when it comes to educating children."（子どもの教育というものは，これひとつのサイズでだれにでもぴったり，というわけにはいきません）

7 when it comes to; come to

　冒頭の文にならって，when it comes to educating children … を「子どもの教育に関しては」と訳してもいいのですが，ここでは「教育というものは…」としておきます。fit は衣類などのサイズや型が「ぴったり合う」ということですから，例示したような日本語になるわけです。「子どもの教育は，ひとりひとりの個性に合わせてサイズが異なるものです」というような訳も可能でしょう。このように翻訳すれば，「…に関しては」，「…については」にこだわる必要はないわけです。

　上記の説明を念頭に入れて，以下の例文をごらんください。

(2)　When it comes to math, he is No. 1 in the class.（数学ならかれがクラスのトップだ）

(3)　When it comes to policy, there is so little to choose between the two candidates.（政策的には，両候補の違いはほとんどない）

(4)　"I'm 30, one of the oldest guys around, yet I'm still an amateur when it comes to the knowledge I need in order to run a good 100."（もう30歳で，この世界では大ベテランだけど，100メートルをどう走るかということになると，まだまだプロの域には達してません）

　when it comes to … の部分を「…なら」((3))，「…には」((4))，「…になると」((5)) と訳してみました。自然な日本語を意識した結果，このようになりましたが，意味として三者に共通しているのは「…に関しては」，「…については」ということです。大事なのは英語を正確に理解することであって，それをどのように翻訳すべきかは日本語表現の問題であり，置かれた文脈に合わせて柔軟に対応すればよいのです。

　when it comes to … のイディオムとしては when it comes to the crunch [push] があります。「いざとなったら」，「(経済的に) 困ったら」を意味し，When [If] it should come to the crunch [push], we can always sell the house to get some money.（いざとなったら，家を売ればなにがしかの金にはなるだろう）のように使われます。crunch も push も「いざという時」，「危機」，「危急の場合」という意味です。

　when it comes to ... に比べ，自然なこなれた日本語訳をつくるとなると（これは when it comes to putting English into natural Japanese ... と早速，応用できます），厄介なのは，むしろ come to の方かも知れません。「まさか」と思われるかも知れないので例文をいくつかお見せしましょう。

(1)　The tip came to the newspaper yesterday.
(2)　A large-scale supplementary budget came to the rescue in the latter half of the year.
(3)　The bill came to a vote.
(4)　After just a few seconds, she came to.

　(1)の tip は「…に関する（秘密）情報」という意味です。新聞業界用語では「タレ込み」といったりもします。ですから，(1)を直訳すれば「きのう，その秘密情報が新聞に来た」ということになります。こなれた日本語としては「新聞社にきのう情報提供があった」ということでしょう。came to は「情報提供があった」のなかに吸い込まれ，日本語の訳としてははっきりした形をとどめていません。

　(2)はどうでしょう。a large-scale supplementary budget は「大型の補正予算」。come to the rescue ... は「…を助けるために」で，この場合は，前後関係から「景気の落ち込みを防ぐために，景気の下支えとして」と解釈できそうです。in the latter half of the year は「年度後半」。これを全部つなげれば，「（政府は景気下支えのために）下期に大型補正予算を組んだ」となります。日本語から出発し，この部分を come to を使って表現しなさい，と言われたらほとんどの人は頭を大いに悩ますのではないでしょうか。タネ明かし

7　when it comes to; come to

をすれば「なーんだ」ということになるわけですが，このような文脈で come to を活用できるというのはやっぱり驚きです。

同じ意味で「…の手助けとなる，…に救いの手を差し伸べる」はcome to one's rescue [aid/assistance/help] の形をとります。例文をごらんください。

- The doctor came to my rescue at once. (医者がすぐに駆けつけてくれた)
- Let's not wait for somebody to come to our rescue —— let's build a raft. (救助を当てにするのはよそう。自分たちでゴムボートをつくろう)

(3)もなんていうこともない英文で，日本語では「法案は採決にかけられた〔採決された，採決に付された〕」となります。

ところが，これについても，「法案が採決に付された」がまず先にあって，これを英訳しなさい，というような設問に対し，come to を使って(3)のような簡潔な英文を発想できる人はそれほど多くはないのではないかと推察されます。

(4)は「ほんの数秒で，彼女は意識を回復した」。この come to は「意識を取り戻す」という意味です。

come to … もかなり奥深いということがお分かりいただけたことと思います。そこで，今度は，日本語からスタートして，どのようなケースで come to が活用できるかを考えてみましょう。

(1)　冷戦は終結した。
(2)　(フランスの大手スーパー) カルフールの日本進出第1号店が (千葉県の) 幕張にオープンした。
(3)　いまはそのありがたみが分からないかもしれないけど，そのうち，理解できるようになるさ。

Part 2　come

　(1)の事例では,「冷戦」を主語にして,「終結した」を end かなんかで表現するのが最もオーソドックスなアプローチなのでしょうが, ここでは come to を活用してみようというのですから, その趣旨を生かせば The Cold War came to an end. が考えられます。We came to the end of the Cold War. なんていうのもおもしろいかも知れません。

　(2)は (1)と比べ, ちょっと難易度が高そうです。come to ... を使うという条件さえなければ, Carrefour SA opened its first Japanese outlet at Makuhari, Chiba Prefecture. とでもすれば合格点でしょう。

　ところが come to ... を使うとなると, 弱ります。

　正解は Carrefour SA's first outlet in Japan came to Makuhari. です。「日本における1号店が幕張に来た」と発想したわけです。これで「オープンした」の意味になります。

　(3)では難易度をもう一段上げてみました。「理解できるようになるさ」の部分で come to が使えるというのがヒントですが, そんなヒントをもらってもラチがあきそうにありませんので, 解答を以下に示します。

　That's something that you don't appreciate at the moment. But you'll come to it.

　appreciate は「感謝する」。at the moment は「現在は, 目下のところは」で, something は「(感謝の) 対象となるもの」。合わせると,「あなたにとって, いまのところは感謝するようなものではない」→「いまはそのありがたみが分からない」となり, それを受けて,「でも」とつながり, You'll come to it. (そのうちそこに来る) というのですから,「いずれ, 理解できるようになる, わかるようになる」となります。come to it でここまで表現できるのですから, 改めて大したものだと感心せずにはいられません。

7 when it comes to; come to

come to の世界の広さを知るためにもう少し例文を紹介します。

- We came to this conclusion.（このような結論に達した〔このような決定を下した〕）
- The new evidence came to light.（新しい証拠が明るみに出た）
  * 「失せ物が見つかる」のような場合にも使えます。次の例文を参照。

    We were so pleased when the long-lost jewels came to light.（ずっと行方不明だった宝石が発見されて大喜びした）
- They separated over a year ago. They couldn't come to terms on a property settlement.（2人は1年以上前に別居したんだけれど，財産分与でまだもめているんだ）
  * come to terms (with) ... は成句で,「認める，受け入れる」などの意味です。

以下の例文も参照してください。

- Smaller companies will have to come to terms with the issue of reduced working hours.（中小企業は（優秀な人材を確保するために）労働時間の削減を受け入れざるを得ないだろう）
- He has still not come to terms with his obligations to the international community.（彼は国際社会に対する責任をいまだに受け入れていない）
- He came to the Hiroshima Carp after a three-year career as an outfielder at a company-sponsored baseball club in Osaka.（彼は大阪の実業団チームで外野手として3年間プレーした後，広島カープに入団した）
- It was like coming to life again after being dead.（死の世界から生還したような気がした）
  * come to life には「盛り上がる」の意味もあります。

類例：About midnight, the party really came to life.（真夜中に

Part 2 come

なって，パーティーは大いに盛り上がってきた)

「come to＋名詞」の例文をいくつか紹介しました。同じパターンで，使用頻度の高いイディオムには次のようなものがあります。

- The soup came to a [the] boil and the chef reduced the flame. (スープが沸騰したので，コックは火を弱めた)
  * come to a [the] boil は「液体が沸騰する」。「危機的状態になる」の意味もあります。

  類例：The financial situation came to the boil. (経営が危機的な状況に陥った)
- I always knew he would come to a bad end. (彼が惨めな最期を迎えるだろうことはずっと以前から分かっていた)
- We went down the road until we came to a dead end. (道を歩いていたら行き止まりになった)
  * come to a dead end は比喩としても使います。次の2例を参照してください。

    The police investigation came to a dead end when they learned the suspect had left the country. (容疑者が出国したことが分かり，警察の捜査は行き詰まった)

    I've come to a dead end. I've run out of ideas. (アイディアが枯れ果てて，にっちもさっちも行かなくなった)
- Slowly, the train came to a halt. (汽車がゆっくりと停止した)
- Matters have come to a head in the peace talks. (和平交渉は重大局面を迎えている)
  * come to a head は「重大局面に差しかかる」,「危機的状況になる」。
- Production has come to a standstill owing to the lack of raw materials. (原料不足で生産は停止した)
- Soldiers came to attention. (兵士は気をつけの姿勢をとった)

7　when it comes to; come to

＊"Attention!" は号令で,「気をつけ！」ということです。

- I have to come to grips with this difficult question.（この難問に取り組まねばならない）
- We must all come to grips with this tragedy.（この悲劇に目をつぶるわけにはいかない〔この悲劇から目をそらすわけにはいかない〕）
- All our efforts came to naught.（努力はすべて水泡に帰した）
  ＊ come to naught は come to nothing と同じ意味で,「ムダになる」,「無になる」。
- Although I know it well, the name just won't come to mind.（よく知っているんですが, 名前がどうしても思い出せない）
- As an artist, he'll never come to much.（芸術家としては大成しないだろう）
- The audience came to its feet, cheering.（観衆は立ち上がって, 喝さいした）
- I'm glad he finally came to his senses and went on to college.（自分の考え違いに気づき, 彼が大学へ進学してくれてうれしい）
- She came to herself when we threw cold water on her face.（彼女の顔に冷水をかけたら意識を回復した）
- The ball rolled and rolled and finally came to rest.（ボールはどんどん転がっていってやっと止まった）
- We came to something when the trade union turned down a 10% pay increase.（労働組合が10%の賃上げを拒否したのにはショックを受けた）
  ＊ come to something は「ショックを受ける」,「嘆かわしく, 悲しい気持ちになる」。
- He came to the point straight away.（彼はのっけから問題の核心を突いてきた）
- Whether you drink beer or sake, it comes to the same thing; most of what you pay goes to the government.（ビールでも日本酒でも同じことだ。どうせ代金の大半は（税金として）国庫に持って

行かれるのだから）
* come to the same thing は「変わりはない」、「同じことだ」。
・Who would believe it would come to this? （まさかこんな事態になるとは）
* come to this は「このような状態になる」（悪い状態を指す場合が多い）。
・If the worst comes to the worst, we can always sell the house and live on that money. （最悪の事態になったら、家を処分して食いつなげばよい）

Joke コーナー

When it comes to recycling, you just can't beat TV soap operas and what they've done with plots.
リサイクルとくれば、テレビの連続メロドラマとその筋書きにはとてもかなわない。
* メロドラマのストーリーはどれもこれも似たりよったりで、同じ筋立ての繰り返しはまさにリサイクルそのものだとの見方。

"Don't drive so fast around the corners —— it frightens me."
"Do as I do —— shut your eyes when we come to one."
「カーブを曲がるときはスピードをちょっと落としてください。（運転が乱暴で）怖いんです。」
「カーブに差しかかったら両目をつぶってくださいな。わたしもそうしてますから。」
* タクシーと乗客とのやりとり。

8　come up

「公立学校改革案が上院で審議されることになっています」
Next week my plan to reform our public schools is expected to come up for debate in the Senate.
来週，わたくしの提案した公立学校改革案が上院で審議されることになっています。
　　　　　（2001年2月25日のブッシュ大統領のラジオ演説から）

　上の例文では，come up は「(議題として) 取り上げられる」，つまり「審議される」ということです。わたしが愛用している中型の英和辞典は，come up の語義を17項目にわたって説明しています。確かに，come up の守備範囲は広いと言えますが，大統領の発言に限定すると，上記の例文にあるように「審議される，取り上げられる」の意味で使われることが圧倒的に多いようです。これは大統領の職務上，当然のことと言えるでしょう。大統領報道官と新聞記者とのやりとりのなかでも次のような発言は，しばしば耳にします。

　Is President Bush likely to support bankruptcy legislation when it comes up?
　（ブッシュ大統領は倒産法が上程されたら賛成することになりそうですか）
　　　　　　　　　　　　　　　　（新聞記者の質問から）

これに対し，フライシャー報道官からは以下のような発言が聞か

Part 2 come

れたりします。

"We'll be pleased to work with Congress on any other issues that come up."
(その他のどんな問題についても議会と協力していきたいと考えています)

(2001年1月29日の記者会見から)

この事例では come up はあえて訳しませんでしたが,強いて翻訳すれば「問題があれば,問題が起これば」ということになるでしょう。work with Congress は「議会と一緒に働く」というのですから「協力する」。2月1日の記者会見でも come up が登場しました。

Any number of issues could come up on the agenda.
(議題の数がどのくらいになるかは分かりません〔どんな問題でも取り上げられる可能性がある〕)

それでは,「取り上げる」以外の意味で使われるケースとしてはどのようなものがあるか,以下のリストでチェックしましょう。

(1) Rare manuscripts came up for sale.(貴重な写本が売りに出された)
(2) Ichiro came up in the ninth inning against Springer.(イチローは9回の打席でスプリンガーと対戦した)
(3) Membership on the board of directors of Japanese firms is dominated by those who came up within the company.(日本の企業の取締役会は生え抜きの役員が大半を占めている)
(4) "Did he come up for round two, or did he toss in the towel when the bell rang?"((ボクシングの第1ラウンドでダウンを喫し

97

たボクサーについて）ヤツは第2ラウンドも戦い続けたのかい，それともタオルを投げ入れて降参か）

(5) I saw her coming up the stairs.（彼女が階段を上ってくるのが見えた）

(6) "Something very peculiar has come up. The medical examiner checked the contents of his stomach and is scientifically certain the man died within half an hour after he finished his dinner."（どうも，不可解なんですが。検視医が被害者の胃の内容物を調べたところ，死亡したのは夕食後30分以内だというのです）

(7) "Little thing that's come up. Probably doesn't much."（ちょっと気になることがあって。たいしたことじゃないかも知れませんが）

(8) "This probably doesn't mean anything, but the name Philip Kerr has come up. Who's Philip Kerr?"（どうでもいいことかも知れませんが，フィリップ・カーとかいう男の名前が出てきましたね。いったいでだれです，その男は）

(9) "We came up here as soon as we heard."（知らせを聞いて飛んできたよ）

(10) They have an election coming up very soon in South Korea.（韓国ではもうすぐ選挙だ）

(11) You must challenge when they come up.（問題が起きたら，（逃げずに）立ち向かえ）

(12) It is as predictable as the sun comes up in the morning.（朝になれば日が昇るのと同様に，確実に予想できることだ）

(13) We came up the Sumida River.（隅田川を上った）

(14) "Something has come up."（ちょっと用事ができてね）

(15) There were some "youthful indiscretions" that might come up.（「若気の至り」とも言うべきできごとがあって，それが，明るみに出るかもしれないな）

確かに come up の守備範囲は広そうです。

Part 2　come

まず、(2)の come up は野球の選手が「打席に立つ」。うしろに against がくるのは、「…(投手に)対して」の意味です。「(問題などに)立ち向かう」というような状況で come up against を使うこともあります。

(3)の come up は「出世する」という意味で使われています。those who came up within the company は「同じ会社のなかで出世してきた社員」ということで、「生え抜き社員、内部昇進した社員〔役員〕」。これに対して「外部役員〔取締役〕」は outside directors (on the board)、「役員会のメンバー」は membership *on* the board of directors となることに注意してください。

(6)は推理小説の一節で、something very peculiar は「とても不思議なこと。理解に苦しむこと」。has come up は「現れる、出現する」で、「とても奇妙な、不可解な感じがするのですが」となります。

come up は(9)のようなケースでもよく登場します。この場合は、A地点からB地点への移動が方角としては南から北への移動であるとの含みがあります。これとは逆に北から南への移動は come down ということになりますが、同僚の米国人によれば、up, down の使い分けはさほど厳密ではないようです。いずれの場合も come over とでもしておけば無難だろうとのことでした。

(10)の come up は「近づく、近く(何かが)起こる」ということで、The 10th anniversary is coming up. は「10周年が近づいてきた」ということです。レストランでビールを注文して、ウェイターが "Coming up." と言えば、「かしこまりました。すぐにお持ちします」ということです。

中学校時代に「太陽は東の空から昇る」は The sun rises in the east. だと教えられましたが、(12)をみると come up でも OK だということが分かります。

(15)はちょっとおもしろいケースで、米国の上院議員が閣僚に任命されることになって、20代の時に飲酒運転で2度逮捕されたことや、

99

8 come up

禁漁期間中に魚釣りをして罰金の処分を受けたことが、新聞などで報道されはしないかと心配しての発言です。この場合の come up は「話題になる」→「明るみに出る」。come out や come to light にも同じような意味があります。「新聞に書かれる」は come into the press だということはすでに79ページで説明しました。

come up の基本的意味は「のぼる」ですから、「物価が上がる」というようなケースでも使えそうですが、その場合は come up ではなく、go up を使うのが一般的です（→181ページ参照）。反対に「物価が下落する」は come down だということは64ページで説明しました。

「come up＋前置詞（など）」のイディオムとその例文を紹介します。

- I've come up against something I cannot handle.（手に負えない難問にぶつかった）

    * come up against は「…（難しい事態、問題）に直面する」。人間についても使います。次の例文を参照してください。

        I have never come up against anyone like him before.（彼のような扱いにくい人物に会ったのは初めてだ）

- One third of the committee comes up for election every year.（委員会のメンバーの三分の一は毎年改選される）

    * come up for は「（選挙で）選ばれる、立候補する」。

- I can't work for very long without coming up for air.（休憩抜きで長時間働くことはできない）

    * come up for air は「休みをとる」。水中の酸素が不足するとさかなが水面に口を突き出して酸素を取り入れることから？

- This piece of property will come up for auction next month.（この土地は来月競売にかけられる）

    * come up for auction は「競売にかける」。come up for sale であれば、「売りに出される」。

Part 2　come

- He has come up in the world a lot.（彼は大出世を果たした）
  * come up in the world は「(会社などで) 出世する, 昇進する」,「裕福になる」,「力をつける」。

- He lost all his money at the horse races, but still came up smiling.（あいつは競馬ですってんてんになったのに, しょげない〔あっけらかんとしている, めげない〕）
  * come up smiling は「勝負事で負けたり, ひどい目に遭ってもくじけない」。ボクシングでダウンを喫しても, ひるまずに立ち上がり, 戦い続けるボクサーの連想から。

- Someone like Carlet, who has come up the hard way, understands reality better than a person who always had money.（カーレットは苦労人だから, お金に全く不自由しなかった人と比べると物事の本質を見抜く力がある）
  * come up the hard way は「(経済的には恵まれなかったが) 経験を生かして一定の社会的地位に就く」。

- He came up through the ranks. He did not start out as president.（彼はヒラからトップまで登りつめた。はじめから社長だったわけではない）
  * come up through the ranks は「ヒラ社員から出世する」。ranks は「ヒラ社員」。

- Does this ice cream come up to your standards?（このアイスクリーム, あなたのお口に合いますか？）
  * come up to は「(基準, 水準に) 達する」。The film fails to come up to expectations. であれば「その映画は期待外れだ」。
  come up to ... のその他の用法は以下を参照してください。

- The little boy has grown; he comes up to my waist now.（あの子はすっかり大きくなってわたしの腰のあたりまで身長があるんですよ）

- The water in the swimming pool came up to my chin.（プールの水位はわたしのあごのあたりまであった）

8　come up

- As a musician, he hasn't come up to his father's shoulder. (音楽家としての彼は父親の域にいまだ達していない)

　＊come up to one's shoulder は「…と同等な，比肩しうる」。

以上のイディオム群とは別に，come up with の例を少し詳しく見ておきましょう。

　"When you all come up with a solution, let me know."(解決策があれば，教えていただきたい)

　ブッシュ大統領の2001年3月29日の記者会見にこのようなことばがありました。
　come up with ... は「(アイディア，解決策を) 思いつく，考え出す」という意味で，大統領の発言でも，また，日常会話のなかでもしょっちゅうお目にかかります。
　例文を紹介します。

(1)　"Have you come up with a plan and could you share it with us?"(計画はまとまりましたか，まとまったとしたら内容を教えていただけますか)
(2)　We expected him to come up with some ideas. (彼のことだから，何か知恵〔アイディア〕を出すだろうと思っていた)
(3)　The main task of the body is to come up with a plan to halve the number of ministries and agencies. ((中央)省庁の数を半減させる計画を立案するのがその委員会の主要任務だ)
(4)　"I came up with a notion."(ちょっとひらめいたんだ)

　(1)はホワイトハウスにおける報道官による記者会見の席での新聞記者からの質問です。come up with a plan は「計画を思いつく」→「計画をまとめる」。share it [the plan] with us は「計画をわれ

われ〔新聞記者団〕と共有する」ですから、「計画の内容を教えてほしい、説明してほしい」ということになります。

(2)は「知恵を出す」と訳しました。ideas に代えて suggestions や proposals とすれば、「提案を思いつく」ということになります。

(3)はお役所のはなしですから、ちょっと堅苦しく「立案する」と訳してみました。

(4)の notion は「ひらめき」、「アイディア」。notion を主語にして、A notion came to me. に言い換えることも可能です。

「思いつく」が当てはまらない come up with もありますので、要注意です。そのうちのいくつかを例示します。

(1) "Isn't that interesting? She came up with the money all of a

---

Joke コーナー

I had phenomenal luck with my garden this year —— nothing came up.

いやー、今年の家庭菜園は実にラッキーだった。(いろいろ種をまいたが) 何ひとつ発芽しなかったんだ。

＊ come up は「(植物が) 芽を出す」。芽を出せば、やれ、除草だ、施肥だ、水やりだ、と忙しくなるが、発芽しないのでは、何もすることがないから、「実にラッキーだった」というわけ。

One of the great pleasures of this life is coming up to your illegally parked car and not finding a ticket on it.

人生にはいろいろすばらしい楽しみがあるが、クルマを違法駐車し、戻ってきたら違反のチケットが貼られていなかったというのもそのひとつだ。

8　come up

sudden."（変だと思いませんか。彼女のところへ突然，お金が転がり込んだんですよ〔彼女は，どこからあの金を，突然，手に入れたんですかね〕）

(2)　We should come up with a new candidate within 48 hours. （2日以内に新しい候補者を選定する必要がある）

(3)　"I think we've come up with a compelling product."（（消費者にとって）魅力のある製品を開発できたと思う）

(4)　Artificial blood cells are the subject of numerous studies, but so far no one has come up with a substance that performs all the needed functions. （人工赤血球の研究は盛んだが，現状では満足な機能を持つ物質は見つかっていない〔開発されていない〕）

(5)　"He was killed Wednesday night. This is Saturday, police haven't come up with anything."（彼が殺されたのは水曜の夜だ。きょうはもう土曜日だというのに，警察は何もつかんではいないではないか〔警察の捜査はちっとも進展していないではないか，警察は何をしているんだ〕）

(6)　I have to run to come up with her. （彼女に追いつくには走らねばならない）

　＊この意味では catch up with もよく使われます。

9 その他の重要語句

come に始まって come up まで，登場回数の比較的多い「主役級」の語句に絞って，例文を織りまぜながら，意味と活用法を説明してきました。これを十分身につけるだけでも，英語表現がグーンと深まり，広がることは間違いありませんが，独立の項目としては取り上げなかった語句のなかにも，「これを素通りするわけにはいかない」と思えるものが少なくありません。そこで，この項ではそうした「わき役クラス」にスポットを当てて，まとめて紹介したいと思います。配列はアルファベット順です。

◇ come about

- How has this come about? (一体，どうしてこんなことになったんだ〔一体，これはどうしたことだ〕)
- Ah, so that was how it came about! (そうか，そういうことだったのか)
- Bad economic information may come about in the coming months. (今後しばらく，景気の停滞を示す指標や統計が発表されるよう)
- Peace can only come about if each side agrees to yield to the other. (互いに譲歩しなければ平和は実現しない)
- How did it come about that the man was dismissed? (あの男が解雇されたのはどういうわけだ)
- I hope we can say that the steps we took today made that end come about. (きょうから実行したこの対策によって目的を実現でき

たと言える日がくるのを待ち望んでいます)
　＊この場合の end は objective と同じ「目的，ねらい」。make that end come about で「目的を実現させる」。
- I never quite knew how it all came about. (どうして，そんなことになったのか，どうも判然としなかった)
　＊all は came about を強調する意味で使われており，「一体どうして」，「なんでまた」。
- We came about and headed in towards the shore. (われわれは海岸の方へ航路を変えた)
　＊この come about は「船が航路を変える」，「風向きが変わる」。
- The boat will have to come about. The wind has shifted. (船は方向転換しなければなるまい。風向きが変わったのだ)

◇ come across
- When the traffic has all passed, it's safe to come across. (車がすべて通過したら，横断しても安全だ)
- He came across the room to greet me. (彼は部屋を横切ってわたしを出迎えてくれた)
- Why don't you come across to our house this evening? (今晩，うちに来ない？)
- Many more people have come across to this island since the new bridge was built. (新しい橋ができてからこの島を訪れる人がさらに増えた)
- I came across something interesting yesterday. (きのう，おもしろいものを見つけた)
- I came across her at Shinjuku last night for the first time in three years. (昨夜，彼女と新宿で3年ぶりにばったり会った)
- Tell me how you came across her? (彼女との出会いのいきさつを教えてよ)
- I came across a host of difficult questions in the exam. (試験は

難問が多かった)

- He comes across as a man of deep convictions. (彼は信念の強い人と見受けた)
  * come across にはこの例のように「…という印象を与える」の意味もあります。
- Did his speech come across? (彼のスピーチは理解できたかい？)
  * この come across は「理解される」(be understood, communicated) です。

◇ come after
- I saw a big dog coming after me. (大きなイヌがわたしのあとをつけてくるのが見えた)
- The cat ran as fast as possible because a lot of dogs were coming after it. (イヌの集団に追われてネコは必死で逃げた)

◇ come along
- I've been putting up with some mediocre secretaries for a while and then she came along and it's made all the difference in the world. (出来の悪い秘書でしばらくがまんしてきたが，それに比べる

Joke コーナー

"What comes after six?"
"The milk man."
「(数字の) 6の後に来るのはなあに？」
「牛乳屋さん」
* 返事をしたのは子どもでしょう。after six を「(朝の) 6時を回って〔6時過ぎに〕」と解釈した結果,「牛乳屋さん」の答えが返ってきたわけです。

と彼女の仕事ぶりは天下一品だ〔彼女がやってきて, 事態は一変した〕)
- I want you to come along. (わたしについてきて下さい〔一緒に行きましょう〕)
- We have a rare opportunity that comes along once in a blue moon. (われわれはめったにない好機を迎えている)

  ＊a blue moon は口語で「長い間」の意味ですから,「めったにない」となります。
- How are your broken ribs coming along? (骨折したろっ骨はその後どうですか？)
- Just then a bus came along so we got on. (ちょうどそのときバスがやってきたので乗車した)
- My teacher came along just as we were talking about him. (担任の先生のうわさをしているところへ本人が通りかかった)
- Take every chance that comes along. (どんなチャンスでも生かすようにしなさい)

  ＊come along は「(チャンスが) 巡ってくる」。
- Is your daughter married yet?

  No, she's still waiting for Mr. Right to come along.

  (娘さんは結婚したんだっけ？

  いや, まだだ。理想の男が出現するのに備えていまだ待機中だ)

  ＊Mr. Right は「理想の男性」。
- An emergency came along. (緊急事態が発生した)
- A recession came along. (景気後退局面になった)
- I came along when my father was forty. (わたしが生まれたのは父が40歳の時だった)

  ＊「(世の中に) 登場する」→「生まれる」(ちょっと古めかしい, おどけた言い回し)。

Part 2　come

◇ **come apart**
- It was easier to push restructuring efforts when the dollar was traded around ¥80-90, but now I worry that consensus within the company will come apart under the weak yen.（1ドル80-90円の円高だったらリストラ推進は問題なかったが，この円安では社内の意見は割れるだろう）
- The organization came apart.（組織はガタガタになった）
- The missile came apart in midair.（ミサイルは空中分解した）
- I was afraid our car would come apart on that rough road.（ガタガタ道で自動車がバラバラになるかと思った）
- The house is about to come apart at the seams. There are so many people there.（家が壊れそうだ。こんなに大勢の人が入っているからだ）
    * come part at the seams は「縫い目がほころびる，裂ける，破ける」，「崩壊する」。次の例文も参照。
- This old coat is coming apart at the seams.（このオンボロ上着はほころびかかっている）
- My whole sense of being came apart at the seams.（生きているという感覚がずたずたになってしまった）

◇ **come around**
- North Korea would eventually come around and accept South Korea's role.（北朝鮮はいずれ態度を変え，韓国の役割を認めるだろう）
    ＊ここでは「意見，態度を変える」という意味です。以下の例文も同様です。
- Gorbachev had opposed the possibility of military force, but he had finally come around.（ゴルバチョフは当初，軍事力の使用には反対したが，最終的には妥協した）
- Mother has come around to my way of thinking.（母はわたしの

考え方に同調するようになった）
- Why don't you come around to visit next week?（来週，遊びにきませんか？）

＊「訪れる」。以下の例文も同様です。

- Please come around sometime.（たまには，顔を見せてくださいよ）
- His vital signs are stable, so there's no physical danger. He'll come around.（脈や体温は安定しており，命に別状はない。彼は意識を取り戻すだろう）

◇ come before
- She came before anybody else.（彼女は誰よりも先にやってきた）
- Thank you for coming before this committee with your testimony.（証言のため，この委員会にご出席いただきありがとうございます）
- The issue of teenage smoking came before the school board.（未成年者の喫煙問題が教育委員会で取り上げられた）

◇ come by
- I wonder how he came by his fortune.（どのようにして，彼があれだけの大金を手にしたのか，不思議だ）
- I hope you came by this money honestly.（これはまともに稼いで得たカネだろうね）
- I come by all my ideas from my own experience.（わたしのアイディアはすべて自分の経験から生まれたものだ）
- Refugees continued to come by the thousands.（難民は数千人の規模で引きも切らずにやってきた）
- Would you mind if I came by your office?（職場へちょっと寄ってもいいですか）
- Would it be inconvenient if I came by, say, in the next half

Part 2　come

hour?（30分後ぐらいに，お寄りしてもよろしいでしょうか？）

◇ come for
- I've come for your daughter. Is she ready?（お嬢さんを迎えにまいりました。お出かけの準備はどうですか？）
- The boy came for the goods.（男の子が品物を取りにきた）
- The big dog came for me.（あの大きなイヌに襲われた）

◇ come forward
- He came forward, was sworn, took the witness stand and told of the discovery of the body.（(法廷で) 彼は前へ進み出て，宣誓し，死体発見の状況を証言した）
  ＊裁判を扱った映画や，テレビドラマでよく耳にする表現。次も同様です。
- Will you please come forward and be sworn?（前へ出て，宣誓していただけますか？）
- We want you to come forward to make a few remarks.（こちらへいらしてひとことごあいさつをお願いします）
- The committee will come forward, we hope, with specific suggestions.（委員会が具体的な提案を出すよう期待しています）
- He smiled, then came forward and extended a hand to Paul.（彼は笑顔をつくりながら，歩み出て，ポールに手を差し伸べた）
- Police broadcast the pictures and let the whole country see them, hoping then someone would come forward and identify those two men.（警察は (容疑者の) 写真をテレビで全国公開し，2人の男の身元割り出しに協力を呼びかけた）
- Three persons came forward and disclosed some of the information police wanted.（3人が警察に協力し，情報の提供に応じた）
- If any other evidence comes forward, we will certainly look

9 その他の重要語句

into it.（新たな証拠が出てきたら，当然，調べるさ）

＊look into は「調査する，調べる」。

・He came forward to the committee with stories about drug problems by the senator during his college years.（彼は委員会に出席し，その上院議員が大学時代に薬物がらみの問題を起こしていたことを証言した）

◇ **come home; come home to**

・When are you coming home tonight?（きょうの帰りはいつごろになるの？）

・At last the real difficulty has come home to him.（やっとのことで，事態の深刻さが彼に分かってきた）

＊come home to ... は「明確になる」，「はっきりしてくる」。次の例文も同様。

・It has come home to me that we don't have enough money.（自分たちが金に不自由していることが分かってきた）

◇ **come off**

・She came off a victory in the tournament.（彼女はトーナメント

Joke コーナー

"Waiter! There's a button in my salad."
"Oh! It must have come off the salad dressing."
「ねえちょっと，サラダにボタンが入ってるじゃないか」
「あれっ，サラダドレッシングから外れたんですよ。きっと」

＊salad dressing を「サラダドレッシング」と「サラダの衣装」の2つにかけたところがポイント。

Part 2　come

で優勝した)

＊come off は「試合に勝つ」,「成功する」。

- The Swedes came off a 4−2 win over the Czech Republic. (スウェーデンがチェコに4対2で勝った)
- She came off her seventh Wimbledon championship. (彼女はウィンブルドンで7回目の優勝を果たした)
- As they are shaving their beards, mine should come off too. (あいつらがひげを剃っているんだったら, おれのもやってもらうか)

＊「ひげがとれる」ではおかしいので「ひげを剃る」。

- "I'm sorry, my boy, but that hand will have to come off." ((外科手術で) お気の毒ですが, その手は切断することになります)

＊この例文の come off は「とれる」,「外れる」。

- The meeting did not come off. (会談は実現しなかった)
- Shinjo came off the disabled list. (新庄選手は故障者リストから外れた)
- The opening ceremonies of the Republican convention came off smoothly. (共和党党大会の開会式は成功裏に終了した)
- The play is a failure and will come off next week. (不入りなめ, その芝居は来週をもって打ち切りだ)

＊この come off は「(公演などを) やめる」

◇ come on

- The news didn't come on until an hour later. (そのニュースは1時間たってやっと報道された)
- She came on the phone. (彼女が電話に出た)
- Lights [The light] came on, then went off. (明かりはついたかと思ったら, すぐに消えた)
- Ohno came on in the seventh, finished with five strikeouts in his three innings of work. (7回から登板した大野は, 3イニングで5三振を奪い, 試合を決めた)

9　その他の重要語句

- We are adding pages to the Worldwide Web at the rate of over 100,000 an hour, and 100 million new users will come on this year.（インターネットのホームページは1時間に10万ページ以上の勢いで増加しています。そして，今年は，1億人が新たにネットを利用することになりそうです）
- He came on to the trading floor straight from school.（彼は学校を出るとすぐに（証券取引所の）場立ちの仕事に就いた）
- The next player came on.（次の演者が（舞台に）登場した）
- The new film comes on next week.（新着の映画は来週公開される）
- Children's health insurance programs are coming on line.（児童を対象とした健康保険制度がスタートする）
- If you feel fatigue and dizziness coming on, cut your exercise off fast and drink plenty of water.（（運動中に）疲れたり，目まいを感じたら，すぐに休憩して，大量の水分を取りなさい）
- The pain began to come on again, and I had to lie down.（痛みが再び襲ってきたので，横になった）
- The general ordered the soldiers to come on.（将軍は攻撃を命じた）
- Come on with me. You can have coffee.（オレについてきな。コーヒーをおごってやるから）
- Come on! We'll be late.（速くしろ。遅れるぞ）
- The RBI came on an infield single when Nomo missed a sign for the squeeze play with the bases loaded.（満塁で打席に立った野茂がスクイズのサインを見逃し，打った球が内野安打になって打点となった）
- The newly developed product came on the market in August.（新商品は8月に発売された〔市場に投入された〕）
- The company came on the market in October.（その会社は10月に上場した）

Part 2　come

- The rain might come on suddenly.（いつ雨になるかも知れないぞ）
- Winter is coming on: you can feel it in the air.（そろそろ冬だ。大気の様子で分かる）
- I came on an old friend of mine downtown today.（きょう，町で旧友にばったり会ったよ）

come on のイディオムを2つ取り上げてみましょう。

▶ **come on the scene**：「到着する」，「現れる」
- When we came on the scene, the ambulances were already there.（現場に到着したら，救急車がすでに来ていた）
- Primates came on the scene relatively late in the evolutionary history.（進化の歴史からみると，霊長類が登場するのは比較的新しいことだ）
- There was long before you came on the scene.（到着するのにずいぶん時間がかかったね）

▶ **come on top of ...**：「(悪いことが相次いで) 起こる」
- This bad cold, coming on top of the severe winter, was enough to kill the old homeless man.（厳寒のところへ，悪性の風邪をひいたので，ホームレスの老人は持ちこたえられなかった）
- The bad news came on top of some other problems we were having.（いろいろゴタゴタしているところへ，その悪い知らせだもんな）

◇ **come over**
- If you can come over right away I'll be glad to see you.（すぐいらっしゃっていただければ，お目にかかりましょう）
- An odd look came over his face.（かれは意外な表情をした）
- His voice came over the loudspeaker.（拡声器を通して彼の声が聞こえてきた）
- She came over to America in 1967.（彼女は1967年に米国に移住し

9 その他の重要語句

ました）

- Why don't you come over to our place this weekend?（この週末，ウチへ遊びにきませんか？）
- He was amazed at the change which had come over her in the few months since their marriage.（結婚してまだ数カ月だというのに，その間の彼女の変わりように，夫は目を見張った）
- I don't know what's come over the young people these days.（このごろの若い連中は一体どうなってしまったのか，理解に苦しむ）
- She's a great artist. She's got a personal magnetism that comes over on the screen.（彼女は偉大な映画俳優です。人を引きつけるその力はスクリーンを通して伝わってきます）
- A cloud came over us and rained like fury.（雲が姿を現しかと思うと，猛烈な雨になった）
- What has come over you?（どうかしましたか〔気分でも悪いんですか〕？）
- An attack of faintness came over him.（彼は気を失った）
- It's terribly noisy living near the airport, planes are coming over all the time.（空港の近くに住んでいるんで騒音がひどいんです。ひっきりなしに飛行機が上空を通過するもんですから）

come over のイディオムには次のようなものがあります。

▶ come over to ...

- Seven of the other team came over to our side.（相手チームの（選手のうち）7人がわが陣営に移籍した）
- How would you like to come over to us? You could double your salary within a year.（ウチの会社にきませんか？ 1年もたてば給料倍増も夢ではありませんよ）
  ＊ライバル会社から優秀な人材を引き抜くときの決まり文句。ヘッドハントされた人が実際に会社を変われば，I went over to the company.

Part 2　come

- Why don't you come over to a diesel-powered car?（ディーゼル車へ乗り換えてみたらどうだい）
  ＊現在はガソリン車に乗っているということでしょう。

◇ **come through**
- We have always come through difficult problems.（難問はいろいろあったが，いつも，切り抜けてきた）
- I'll come through this war safely.（この戦争で死ぬことなんかありませんよ〔無事に生き延びてみせますよ〕）
- We were never sure we would come through the ordeal.（この試練を切り抜けられるかどうかまったく確信が持てなかった）
- All information and opinions came through him.（すべての情報や意見は彼を経由して伝達された）

Joke コーナー

　She'd only been married six weeks when the young bride started divorce proceedings.

　"You've been married just six weeks," said the judge, "and you're tired of him already?"

　"No, but by the time the divorce comes through, I will be."

　彼女が離婚手続きを開始したのは，結婚してわずか6週間後のことだった。

「まだ結婚して6週間しかたっていないのに，ご主人にはもう愛想がつきたんですか」と裁判官。

「まだなんですけど，離婚手続きが完了するころには，そうなるはずです。」

　＊「いずれ愛想がつきるんだから，早手回しに」というところ。come through は「事がうまくいく」。

9　その他の重要語句

- My examination results will come through by mail.（試験結果は郵送されることになっている）
- His promotion to general manager came through on March 1.（彼の局長への昇格は3月1日に発表された）
- The people who have brains and courage come through and the ones who haven't are winnowed out.（知恵と勇気のある人は生き延びられますが，それが欠けた人間はふるいの目から落ちこぼれることになるわけです）

  ＊winnow は「ふるい分ける」，winnow out は「ふるいの目から落ちる」です。

- When the call came through, he was a little surprised to be hearing from his boss.（受話器をとって，電話が上司からのものだと知っていささかびっくりした）

  ＊この場合の come through は「電話がつながる」。

- The computer came through the blockade from the U. S. to Iraq.（コンピュータは経済封鎖をかいくぐって米国からイラクに密輸された）
- The international community has come through with an aid package to help Brazil.（国際社会はブラジル支援のための援助計画をまとめた）
- Much of the improvement in profit came through such efforts as payroll cuts, wage curbs and reductions in capital spending.（業績の向上は主として，人員削減，賃金抑制，設備投資の縮小によるものだ）
- If the loan comes through, the car is yours.（融資が実行されれば，あなたはクルマを購入できる）

  ＊「融資を申請して，それがOKになれば」の意味。

- The sun came through after three days of rain.（3日連続の雨だったが，やっと晴れた）
- His ability did not come through when we examined his

papers.（彼の論文を審査したときはさほど能力があるとは思えなかった）
- He came through with the money he had promised.（彼は約束していた金を融通してくれた）

　＊ come through with は「…を提供する」。

◇ come together

- We should come together for the next House of Representatives election.（われわれは来るべき総選挙に向けて団結せねばならぬ）
- Citizens have come together to build parks.（市民が協力して公園を建設した）
- We've come together to talk about some of the ways we can begin to reverse the culture of violence that is engulfing American children.（米国の子どもたちをむしばんでいる暴力の文化を撃退するためにまず何をすべきか，それを議論するためにお集まりいただきました）
- We came together in the park, just as we had agreed.（約束通り，公園で落ち合った）
- Would those two murder cases ever come together?（この2つの殺人事件は，関連性がいったいあるのでしょうか？）
- "Most remarkable," she said. "most curious. I don't suppose anybody would ever have thought of it. I didn't myself, until the two things came together."（「これは驚きだわ」と彼女は感心した。「好奇心をそそられるじゃない。こんなことにだれが気がつくものですか。わたしにも分からなかったわ，この2つを結びつけてみるまでは」）
- I'm so glad that you two have decided to come together at last.（いろいろあったけど，あなたがた2人が和解できて本当によかった）
- I hope we can come together on a price.（価格で折り合いがつけ

ばと考えています）

- The known facts of this crash, a sudden loss of electric power and the decapitation of the airplane, suggest an explosion just forward of where the wings come together.（今回の飛行機墜落事故で判明している事実，つまり，電気の供給が一瞬にして途絶えたことと機首部分がちぎれたことは，主翼の付け根の少し前部で爆発があったことをうかがわせています）
    * where the wings come together を直訳すれば，「飛行機の主翼が一緒になるところ」。分かりやすく言えば，「主翼の付け根」。decapitation は「首を切り落とす」ことですから，「機首部分がちぎれること」になります。

◇ come under
- Japan's foreign aid leads world, but still comes under criticism（[新聞の見出し] 日本・世界最大の援助国　あり方に批判も）
- The Ministry of Finance has come under fire for its response to the woes of the jusen housing-loan companies.（住専問題に対する財務省の対応が批判されている）
    * under fire は「砲火を浴びる」で，The village was under heavy fire.（その村は激しい攻撃を受けた）のように使います。come under fire となって「批判を受ける，非難を浴びる」という意味になります。
- As the traditional lifetime employment system weakens and companies take on more part-time workers, workers' rights will come under increasing pressure.（長年の終身雇用制度が弱まり，企業がパート従業員の採用を増やすにつれ，労働者の権利はますます制約を受けるようになるだろう）
- The company came under the control of a U. S. insurance firm.（その企業は米国の保険会社の傘下に入った）
- Come under this tree with me and we'll both keep dry.（ボクと

Part 2　come

この木の下で雨宿りすれば濡れないよ）

- Over the last 15 years, most of the big budget-deficit surges in the U.S. have come under Republican administrations that have put a higher priority on tax cuts and income-tax rate reductions.（この15年間，米国の財政赤字が大きく膨らんだのは主として共和党政権下のことで，減税と所得税率の引き下げを重点政策としたのが理由だ）

◇ **come with**

come with の基本的意味は「…と一緒に来る」ということです。この意味を敷衍して，次のような英文が書けます。

- The product comes with a one-year warranty.（その製品は1年間の保証付きです）
- The personal computer comes with IBM electronic-mail software installed.（そのパソコンは IBM 社製のeメールソフトが内蔵されている〔組み込まれている，搭載されている〕）
- The camera comes with a rechargeable nickel-cadmium battery.（カメラにはニッケルカドミウムの二次電池がついている）
- The car comes with a one-year anti-rust warranty.（その自動車は，さびについては1年間の保証付きだ）
- We have to face up to the problems which come with old age.（加齢に伴って発生する問題は避けて通れない）

Joke コーナー

We are not sure whether age comes with experience or experience with age.

年齢は経験を重ねつつとっていくものなのか，それとも，経験は歳とともに豊富になるものなのか，どうも判然としない。

9 その他の重要語句

- How are you coming with that assignment?(仕事の進み具合はどうですか?)
- They came with only several days' supplies and ammunition. (数日分の食料と弾薬しか持ち合わせていなかった)
- Imported cars in general come with large price tags in Japan. (日本における外車の価格は高い)
  * large price tag を直訳すれば「大きな値札」ですが,これは「高価な」ということ。
- The budget I submit to Congress next year will propose a threefold increase in this funding —— which will expand homeownership, and the hope and pride that come with it. (わたくしが来年,議会に提出する予算案ではこの分野の政府支出を3倍に増やす予定です。これにより,持ち家を推進し,家を所有することによる希望と誇りが膨らむでしょう)
- Guinness Layoff Package To Come With Beer([新聞の見出し]ギネス社,レイオフ計画にビールのおまけ)
  * 黒ビールのギネス・スタウトで知られるギネス社が,工場閉鎖に伴う早期退職制度に応じた社員に対し,退職後10年間,ビールをプレゼントする,という新聞記事の見出し。
- As long as they are detained, they have the status of POWs and are entitled to all the protections that come with that status. ((軍人関連で)拘束されているとすれば,捕虜ということであり,取り決めに定められた保護を受ける権利を有する)

◇ come within

- We will not buy the house unless it comes within our price range.(無理して家を買うつもりはない〔わたしたちが考えている価格帯でなければ家を買うつもりはない〕)
- This comes within my price range. I'll take it.(予算の範囲内なので,買うことにしよう)

Part 2　come

- Such behavior has never come within my experience.（そんな行動は一度も経験したことがない）
- I came within an ace of leaving school.（退学直前だった〔もう少しで退学するところだった〕）
  * come within an ace of ... は「もう少しで…するところだ」。
- The car came within a hair of the bus.（自動車とバスは危うくぶつかるところだった）
  * come within a hair of ... は「…と接触しそうになる，…のすぐ近くに接近する」。
- This matter doesn't come within my area of expertise.（この問題はわたしの専門ではありません）

Part 3
go

1 go

「天然ガスの開発と正しい環境政策は両立する」
I believe that we can have (natural gas) exploration and sound environmental policy go hand in hand.
天然ガスの開発と正しい環境政策は両立するものとわたしは考えています。
(ブッシュ大統領の2001年5月11日の記者会見から)

go はもちろん「…へ行く」が基本的な意味ですが、その「行く」も応用範囲はこれから説明するように、ここが境界ですと言えないほど大きな広がりを持っています。

たとえば、次のような go はどうでしょう。

"The wall must go," the people cried and down it came.

これは歴史的な go です。時は1989年11月。東西冷戦の象徴となっていたカベの撤去を求めるベルリン市民の声が大きくこだましました。must go は「去れ」、「撤去せよ」、「取り壊せ」。そして、カベは down it came「崩壊した」。come と go を見事に生かした、新聞記事の簡潔で、印象に強く焼きつく描写です。come と go の面目躍如といった活躍ぶりではないですか。down it came は it came down の順序を逆転させることで、意味を強調したものです。

こんな go の使い方もあります。

"Where do you want to go, Mr. President?"

1 go

　直訳すれば、「大統領閣下、あなたはどこへいらっしゃりたいのですか」といったところでしょうが、英語の原文に当たるまでもなく、これではどうみてもヘンです。

　理解の助けとなるよう、この発言の背景をかんたんに説明しましょう。

　1990年から91年にかけて、イラクのクウェート侵攻に端を発した湾岸戦争が起きました。当時のブッシュ米大統領（2001年に大統領になったブッシュ氏＝George W. Bush の実父）が、米軍の軍事介入の是非をめぐって軍の幹部と協議していた席で聞かれたのがこの発言でした。発言の主は当時のパウエル統合参謀本部議長で、息子のブッシュ大統領の下で国務長官を務めている人です。

　とすれば、「どこへ、いらっしゃりたいのですか」ではなくて、「大統領閣下、（軍事介入に対する）お考えは？」とか「米国の方針はいかがいたしますか？」ということになるでしょう。

　「お考えは？」だから think だとか consider に違いない、「方針」は policy に決まっていると思った読者が多いかも知れませんが、こうしたケースで go を使えることがお分かりいただけたはずです。以下に紹介するのは現職のブッシュ大統領の発言からの引用です。

　There should be a more civil debate about where this country ought to go.（この国の将来のあるべき姿について冷静な議論がもっとあってよいでしょう）

where this country ought to go を直訳すれば「この国がどこへ行くべきか」となりますが、「この国の将来のあるべき姿」と訳してみました。「この国の将来像、未来像」でもよいでしょう。

　これを応用して、「米国はわれわれの将来像の手本を示した」、「米国はわれわれが進むべき進路の手本だ」を英訳すると、

The United States has shown us where we ought to go.

Part 3 go

ということになります。

「どこへ行くか」ぐらいで済むかと思っていた where to go でしたが，どうしてどうして，奥はけっこう深そうです。

ここまで筆を運んだところで（実際は，パソコンのキーボードをたたいたところで，と表現したほうが正確なのですが），筆者が毎夜，楽しみに聞いている米国 National Public Radio (NPR) のニュース番組から次のような男性の声が耳に入ってきました。

What we do with our hands will be here long after we're gone.

これは，ラジオのインタビュー番組で，その道40数年という米国人の石工が，自分の人生を振り返って，「石工になってよかった。なぜならば…」，とその理由を説明したくだりのことばです。what we do with our hands は「自分たちの手でつくったもの」，つまり，「石工として手がけた建造物」。それが，will be here「ここに将来もいる，将来も残る」。ここまでくれば，after we're gone は容易に見当がつくでしょう。そうです，「われわれが死んだ後も」ということです。「自分たちがあの世へいってからも手がけた建造物は後世に残る」。それが石工になってよかったと理由だというのです。

ところが，同じ gone でも状況が変われば，意味も異なります。

(1) How long will you be gone?
(2) Everything's gone.

(1)は，職場に米国人の同僚がいて，その人があすから故郷の米国ウィスコンシン州へしばらく帰省することになった。そんな場合に使えそうな言い回しです。日本人にとっては，あまりなじみのない表現かも知れませんが，ネイティブ・スピーカーの間ではごくふつ

1 go

うに使われます。「休暇は何日ぐらいとるの」という意味です。これに対する返事としては，たとえば，

　　I'll be gone for two weeks.
　　I'll be away for two weeks.
　　I will be out of town for two weeks.

というような返事が返ってくるでしょう。

(2)の gone は，「自宅が火事で丸焼けになってしまった」というような状況での悲しみの叫びでしょう。せめて，家族のアルバムでも残っていたら，との願いもむなしかったということです。

ついでですから，ちょっと寄り道して gone の世界をのぞいてみましょう。新たに，10の例文を紹介します。

(3)　The last train to [for] Tachikawa had gone.
(4)　Most of those jobs have gone.
(5)　It's peaceful with everyone gone.
(6)　The old days are gone.
(7)　Now all hopes are gone.
(8)　The slenderness is gone from her waist.
(9)　All the Takahashi boys are gone.
(10)　The romance is gone.
(11)　My patience is gone.
(12)　The busiest time of child-rearing is gone.

順を追って説明します。
(3)　立川行きの最終はすでに終了いたしました。

似たような経験を，恥ずかしながら，いやというほどしてきました。もう二度と深酒はすまい，終電には間に合うように，と強く決意はするのですが，気がついてみると the last train は無情にも has [had] gone という目にいまだにあっているというのはわれながら情けない，と思います。文意を変えずにIを主語にすれば，I missed the last train to Tachikawa.と表現できます。

電車の「…行き」は for Tachikawa になるはずだと思ったら，to Tachikawa でも OK だそうです。

(4)　そうした仕事はほとんどなくなってしまった〔そのような雇用機会はほとんど失われた〕。

失業が大きな社会問題になっています。産業の構造変化に伴い，かつては隆盛を極めた産業が活力を失って衰退すれば，そこで働いていた労働者の就労機会も少なくなっていきます。そこで，例文の Most of those jobs have gone. という事態になるわけです。

「リストラで約10,000人を削減する」なら，次のように英訳できます。

　　Some 10,000 jobs will go under the restructuring program.

リストラは単に restructuring ではなく，restructuring program とか restructuring plan とすることを忘れないでください。

(5)　一人になると，ほっとするなあ。

これは，今は亡きマリリン・モンロー主演のコメディー映画『7年目の浮気』（こんな映画のことを持ち出すと歳がバレますね）のなかのセリフです。

OL役のマリリン・モンローと同じアパートの1階に住む3人家族が，夏休みで避暑に出かけることになりました。夫は仕事の都合か何かで出発が数日遅れます。妻と息子を避暑地に向かう列車に乗せるために駅で見送り，自宅へ帰って一人だけになったときに夫が思わず口にするのがこのセリフなのです。わたしが購入したこの映画の英和対訳の台本では，この部分を「皆がいないと平和だな」と訳していました。

そのまま借用するのは芸のないはなしですし，この場面にもっとぴったりの訳がありそうな気がして，「一人になると，ほっとするなあ」と訳してみたのです。

(6) 古き良き時代はもう戻ってこない。

　原文に the old days とはあっても，good days とはないから「良き時代」と訳すのはおかしい，などというのはそれこそヤボというものです。the old days のなかには「あのころは良かったなあ」という感慨が込められていると解釈するのが人情でしょう。… will not return などとするより，よほど心に染みてきます。

(7) すべての希望がなくなった。〔夢も希望もなくなった。もはや絶望だ。〕

(8) slenderness は，もちろん slender（ほっそりした，スマートな）という形容詞の名詞形。それが彼女のウエストから消えてなくなっていた，というのです。それでは，どういう事態になったのかは容易に察しのつくところで，ウエストのあたりが，昔のままであれば，The slenderness of her waist has stayed there [is still there]. ということでしょう。

(9) 高橋家の息子さんたちはみんな戦死した。

　boys だからといって少年とは限りません。この場合は「…家の息子」のことです。

　人間が gone の状態になるということは「死ぬ」，「亡くなる」ということです。もちろん，go にも「死ぬ」という意味があります。

　「子供はいますが，みんな農業を嫌って。ワシが死んだら，だれも跡をとるもんはおりません」は，"None of my children wants to become a farmer. When I go, there will be no one to take my place." と表現できます。

(10) 恋心なんてどっかへ消えてなくなってしまった。〔もう終わりよ，恋なんて。〕

(11) もう我慢ならん。〔我慢も限界だ。堪忍袋の緒が切れた。〕

(12) 子育てでてんてこ舞いした時期は終わった。

　gone ではなく，The busiest time of child-rearing is over. でも同じ意味になります。

Part 3　go

　さて，野球好きの人ならgoの活躍ぶりは先刻ご承知のことと思います。たとえば，以下のようなgoを使った表現は英字新聞のスポーツ面を開ければどこにでもころがっています。

(1)　Nomo went the distance to pick up his 10th victory.（野茂は完投で10勝目を挙げた）
(2)　Ichiro went 1-4 with a single in his Yankee Stadium debut.（イチローはヤンキースタジアムでのデビュー戦でシングルヒットを放ち，4打数1安打だった）
(3)　The Hiroshima Carp has gone two weeks without losing.（広島カープはここ2週間負け知らずだ）

　(1)のgo the distanceは決まり文句で，野球で言えば「完投す

Jokeコーナー

　Whenever I get the flu, I go to bed and take a bottle of whisky with me —— and within three or four hours it's gone. Mind you, I've still got the flu.

　風邪を引くと，いつも決まって，ウィスキーのボトルを1本持ってベッドにもぐり込みます。3〜4時間もすると，なくなるんです。風邪ではなくて，ボトルがですよ。

　＊goneには「(風邪が)直る」の意味もあります。ここでは，ウィスキーのボトルが「空になる」。it's goneと言えば，聞き手は「風邪が直った」ものだと考えるでしょうから，Mind you（そうじゃなくてね）とことばを継いで，I've still got the flu.（風邪はまだいる→風邪は直ってないんですよ。なくなったのはウィスキーのボトルの方で，相変わらず風邪は引いたままです）と説明します。

1　go

る」。一般的には「ひとつのことを最後までやり抜く」です。既婚の女性社員について，Women can't go the distance. と上司が言えば，「(育児や夫の転勤などで) 女性は長続きしないなあ」というグチになります。

(2)の go 1-4 は「4打数1安打」。a single は「シングルヒット」。go 1-for-4 も「4打数1安打」を意味します。日本では打数が先にきて，安打が後になりますが，米国では順序が逆転します。ストライク，ボールのカウントの仕方も同様で，米国ではボール，ストライクの順ですが，日本では「ツー・ストライク，スリー・ボール」のようになります。

(3)には筆者の個人的願望が強く込められています。夢にまで見ます。でも実現した試しはありません。少なくても，わたしの記憶にはありません。

野球となれば come も無視できないということは，すでに54，61，92，97，113-114ページで説明しました。

順不同で，go の世界をもう少し散策してみましょう。

・The company still has a long way to go in competitiveness with its rivals. (その企業は競争力でライバル企業に大きく水をあけられている)

  ＊competitiveness だけで「競争力」の意味があります。直訳調で competitive power と訳す必要はありません。has [have] a long way は「まだ，この先の道のりは長い」ということで，「改善の余地は大きい」となります。これを，has gone a long way in competitiveness … とすれば，「競争力で大いに改善した」となって，すでに実績を挙げたことになります。

・A little of your cooperation goes a long, long way. (ちょっとでもご協力いただければ，とても大助かりです)

  ＊go a long way は「遠くまで行く」という意味で，この場合は，「大いに助かる」，「役に立つ」，「多とする」とでも訳しましょ

Part 3　go

うか。long を2度繰り返しているので,「とても」を付け加えておきました。go ではなく A little of your cooperation is greatly appreciated. でも OK です。

同じ go a long way には次のような例もあります。

He is the sort of man who would go a long way to avoid (a) scandal.

この例文の he は大手銀行の幹部のことで, 銀行員という職業柄, 考え方は保守的で, 堅実。スキャンダルなどとんでもない, というような人を想像しながら英文を読み直してみます。go a long way to avoid (a) scandal (スキャンダルを避けるためには遠くまで行く) というのは,「スキャンダルに巻き込まれないように細心の注意を払う」と解釈できます。He is the sort of man ... は,「彼はそうした性格の男である」。

A few sips of wine go a long way in helping you to relax and to sleep better. (ワインを軽くやるだけでリラックスし, 安眠できるなど, 大きな効果を発揮します)

A small gesture can go a long way towards strengthening bonds of friendship between our two countries. (ちょっとした行動が, われわれ両国の友情のきずなを強める上で大いに役立つのです)

・Masaru Hayami, the Bank of Japan's governor, said he thought the central bank had already gone far enough. (日銀の速水総裁は, 日銀として打つべき手は打ったと思うと語った)
　＊go far は「遠くへ行く」→「やるべきことをする」。それに enough (十分に) がくっついているので,「十二分にやった」となります。

・He went apartment-hunting. (彼はアパート探しに出かけた)
　＊「彼は魚釣りに行った」(He went fishing.) と同じ要領です。

・"But you testified?" "Yeah, for three hours." "How'd it go?"
(「証言はしたんだろう？」「3時間もね」「どんな様子〔具合〕だった？」)

1　go

　　＊これは，証人として裁判所に出廷したことをめぐるやりとりで，"How'd it go?" は "How did it go?" の省略形。

- There are quiet, diplomatic conversations going.（水面下で外交交渉が行われている）

　　＊ ... going on にすれば「交渉が続いている」ことを表わします。

- We will become a different people and the old quiet ways will go.（(激変する時代を迎えて) われわれの世代は人種が異なるというか，昔の静かな暮らしぶりはもうなくなってしまうなあ）

　　＊ The old days are gone. なら「古き良き時代はもう戻ってこない」。(→130, 132ページ参照)

- We have to have some sense about where we're going.（将来を見通すことのできる多少の洞察力が必要だ）

- The company went public last year.（その会社は昨年，株を公開した）

　　＊ go public には「株を証券市場に公開する」という意味があります。The company was listed on the first section of the Tokyo Stock Exchange last year.（その会社は昨年，東京証券取引所第一部に上場した）とすれば，より具体的になります。
　　「店頭公開した」→ The company was registered on the over-the-counter market last year.

- The company decided to go it alone without turning to banks for help.（銀行の支援を受けずに，自力で再建することを決めた）

　　＊ turn to ... は「…に頼る，…を当てにする」。

- The roots of the environmental problem go much deeper.（その環境問題の原因は (一般に思われているより) 根が深い）

　　＊この事例のgoは，いわゆる補語を伴って「ある状態になる」という意味で使われています。類似のケースを以下に紹介します。

(1)　The computer virus goes active during the night.（そのコンピュータ・ウィルスは夜中になると活発に動きだす）

Part 3　go

(2)　We went hungry.（われわれは腹を減らしていた〔食べ物をとらない状態が一定期間継続していた〕）

　＊We were hungry. は「(ある時点で) 空腹だった」。

(3)　Most of the government subsidies have gone unspent.（政府の補助金のほとんどは利用されないままになっている）

　＊unspent は unused と置き換え可。

(4)　His call went unanswered for three days.（3日間電話をかけ続けたが，返事はなかった）

　＊この場合の answer は「電話の呼び出しに応じる」。

(5)　The company went belly up.（その会社は倒産した）

　＊belly up とは，さかなが腹を上に向けている状態，つまり，死んでいること。企業で言えば倒産。The company went bankrupt [bust]./The company went under. も同じ意味です。

・We are going the extra mile to prevent crime.（犯罪防止の努力をさらに一歩進める）

　＊go the extra mile は熟語で「もう少しがんばる」，「一段と努力する」。

・What keeps you going?（あなたの生きがいは何ですか）

　＊この事例の going は「生きること」。直訳すれば「あなたを動かしている〔生き続けさせている〕ものは何ですか？」。

・We should think more about where our tax money is going.（税金の使途について，もっとよく考えてみよう）

　＊where our tax money is going は「われわれの税金がどこへ行くのか」ですから，一言でいえば「税金の使途」。わが国について where we are going と言えば「日本の将来」。なにも the future of Japan と言わなくても「日本の将来」を表現できるわけです。where Japan is and where we ought to go であれば，「日本の現状とそのあるべき将来」。

・"I've got to go."（「(電話が長くなったので) じゃあ，もうこれで切

るよ」）

- The government pension program could go broke.（政府の年金制度は破たんするかもしれない）

  ＊ go broke には「倒産する」の意味もあります。

- The massive loans on which real estate served as collateral went bad.（不動産を担保とした多額の融資がこげついた〔不良債権となった〕）

  ＊ go sour も同義。食品について go bad と言えば「腐る」，「腐敗する」。

- "Chinese businessmen tend to take advantage of human networks. But I think performance goes first."（「（確かに）中国人のビジネスマンは人脈を事業に生かす傾向はありますが，最も大事なのは仕事ができるかどうかということです」）

Joke コーナー

Middle age is when your brain says: "Go! Go! Go!"——while the rest of you is saying: "No! No! No!"

頭のなかでは「行け，行け，行け」と思うんだが，体の方は「よせ，よせ，よせ」と言っていうことをきかない，それが中年というものだ。

＊ go と no で韻を踏んでいます。

2 *go back*

「教育の基本に返る必要があります」
We must go back to the fundamentals of early reading and regular testing.
低学年から識字能力をつけ、定期的にテストを実施するという（教育の）基本に返る必要があります。
（ブッシュ大統領の2001年1月27日の演説から）

　上の例文の early reading というのは reading at early ages（幼い時期に本を読むこと〔読めること〕）で、「識字能力」を意味します。このくだりは、学校教育に関した発言なので、「幼い時期」を「低学年」と訳しました。具体的には、小学校の2、3年を大統領は念頭に置いているようです。regular testing は「定期的に試験を実施すること」。それによって、教育の成果が挙がっているかをきちんとチェックしよう、というのが大統領の考えで、成果を挙げていない学校に対しては、連邦政府からの補助金減額も検討していると発言しています。
　この例文で使われている go back は基本的意味である「戻る」、「帰(返)る」がそのままあてはまるケースです。日本語として「戻る」、「帰(返)る」と訳すのが適当かどうかは別にして、go back が登場する例文は、この基本的意味から大きく外れることはなさそうです。
　例文で実際に点検してみましょう。

(1)　"Please be patient. To make you understand, I must go back a little."

2 go back

(2) We had to go back to where we started.
(3) They will go [come] back to school in September after the summer vacation is over.
(4) She went back to work for the company as a secretary.
(5) His career as a newspaper journalist goes back to just after World War II.

(1)の be patient は命令形で「辛抱しなさい」,「我慢しろ」。話相手がせっかちで,こちらの話をじっくり聞いてくれない。でも,状況をよく分かってもらうためには,これまでのいきさつに多少触れる必要がある。そんなときに使える表現です。

「あまりせかさないでください。ご理解いただくためには,もう少し,話をさかのぼらなければならないのです」ということです。

(2)の where we started は「われわれがスタートした地点」ですから「振り出し」と訳せるでしょう。また,このケースの go back は単に「戻る」ではなく「逆戻り」ということです。文脈によっては「また出直しってわけさ」といったような訳がぴったりのケースもありそうです。

(3)アメリカなどの学校は,8月に夏休みが終わり,9月には新学期が始まります。原文に忠実に翻訳すれば,「夏休みが終わると,子どもたちが戻ってくる」。

子どもを学校に送り出す家庭からみれば they will go back to school,受け入れる学校からすると go を come に代えて,they will come back to school になります。

(4)は「彼女は秘書としてその会社に復職した」ということです。go back が職場と結びつけば,意味としては「復職する」しかなさそうです。

ストライキに打って出た労働者が,労使交渉の妥結を受けて「職場復帰する」ときも go back が使えます。

(5)の career as a newspaper journalist は「新聞記者としての仕

事」で、それが第二次世界大戦直後まで「さかのぼる」というのですから、「彼は終戦直後に新聞記者としての道を歩み始めた」のような訳が考えられます。このように訳すと go back の影も形もなくなってしまいますが、go back に義理立てして「彼の新聞記者としての経歴は終戦直後にさかのぼる」などと訳す必要もないでしょう。go を使わないで別の英語表現をするなら、He started his career as a newspaper journalist soon after the end of World War II. などが考えられます。

大統領報道官による新聞記者会見のなかでも go back はしばしば登場します。たとえば、新聞記者は次のように質問します。

Can we go back to Energy just for a minute? (さきほどのエネルギー問題についてもう少し質問したいのですが)

いかにも話しことばだという雰囲気が伝わってくる表現です。これは、ホワイトハウスのホームページに掲載されていた、報道官と新聞記者との一問一答の1コマを引用したものです。Energy と E が大文字になっているのは、単なるエネルギーということではなく、このときの記者会見ですでに取り上げられた「エネルギー問題」だということをはっきりさせるためでしょう。ですから、この部分の訳は「エネルギー問題に戻る」→「さきほどのエネルギー問題についてもう一度質問したい」となります。

これも、新聞記者と報道官とのやりとりから拾ったものですが、ブッシュ大統領は安全保障や外交問題に関する確固とした政策を持っていないのではないかとの質問に対し、フライシャー報道官は次のように応答しています。

I think if you go back to September of 1999 and examine the President's statements at the time, he gave a series of defense and foreign policy speeches.（1999年9月当時の大統領の発言を調べていただければ，防衛政策，外交問題について繰り返し演説をしていることが分かると思います）

go back to September of 1999 ... は「1999年9月に戻れば」ですが，日本語としては「1999年9月当時の大統領の…」とするだけで，あえて「戻れば」にこだわる必要はなさそうです。

Joke コーナー

"One more word and I go back to mother!"
"Taxi!"
「何かもうひとこと言ったら実家へ帰らせてもらいます。」
「タクシー！」
＊売り言葉に買い言葉の夫婦げんか。「もうひとこと…」と言われた夫の方は，実家へ帰るのなら，タクシーを呼んでやろうじゃないかということになりました。"Taxi!" ということばがその「もうひとこと」なのです。go back to mother は「母のところへ帰る」ですが，日本語としては「実家に戻る」でしょう。また，こうしたケースでは my mother ではなく，単に mother と言います。

He's so absent-minded that he left home without his watch, then looked at it to see if he had time to go back and get it.
あいつはほんとうにそそっかしいやつだ。家を出るときに腕時計を忘れ，（途中で気がついたので）家へ戻って取ってくる時間があるかどうか時計を見ようとしてるんだから。
＊この手の話は落語の世界にはごまんとあります。

Part 3 go

　go back はこんなふうにも使えるのかと感心したのが次の例文です。これは，ブリヂストン／ファイアストーン社製のフォード自動車向けタイヤに大量の欠陥品が見つかり，欠陥タイヤが原因とみられる事故で多数の犠牲者が出たことに関する新聞記事からの引用です。

　"Firestone has already admitted to making a faulty tire —— there's no going back."（ファイアストーンは欠陥タイヤを製造したことをすでに認めており，いまさら，前言を翻すわけにはいかない）

　おもしろいと思ったのは there's no going back です。「there is no＋動詞の ing 形」は「…できない」を意味することはご承知の通りです。ここでは「go back できない」というのですから「戻れない」ということです。どこへ戻るかというと，「欠陥タイヤ製造を認める」以前の状態です。つまり，いまさら，「欠陥タイヤについて責任はありません」などとは言えない，ということです。私訳では「前言を翻すわけにはいかない」としてみました。go back の香りを残して，「いまさら後戻りはきかない〔後戻りはできない〕」でもよいでしょう。

3 go down

「数学と理科の成績が落ちています」
The test scores go down in math and science.
数学と理科の成績が落ちています。
(1999年2月2日、マサチューセッツ州ブライトンのジャクソン・マン小学校でのクリントン前大統領のスピーチから)

この項では特別ゲストとして、クリントン前大統領にご登場願いました。米国の教育の現状を憂えての発言で、ちょっと長くなりますが、全文を紹介します。

One of the big reasons that the test scores go down in math and science is that the teacher shortage has been so profound that there are a huge number of our teachers in America today in our junior and senior high schools, teaching courses in which they didn't have a college major or even a minor.

＊ profound「深刻な」, major「専攻」, minor「副専攻」

以下は抄訳です。

数学と理科の成績が落ちている背景には深刻な先生不足が指摘できます。大学で（数学、理科を）専攻どころか、副専攻すらしなかった先生が中学、高校で数学、理科を教えているケースが実に多いのです。

Part 3 go

　クリントン大統領の後任であるブッシュ大統領も米国の学校教育，とりわけ公立学校の改革を最優先課題として取り組む姿勢を見せています。

　go down の用例としては以下の例文が参考になるでしょう。「落ちる」からたやすく類推できるものから，多少のイマジネーションを必要とするものまで，いろいろです。

(1)　The juvenile homicide rate has gone down.
(2)　He appeared ready to go down in the eighth.
(3)　They wove through heavy rush-hour hall traffic and found an ancient escalator going down.
(4)　The plane went down about 30 miles south of the island.
(5)　His rapid advancement [promotion] did not go down well at the workplace.
(6)　More than 100 guests at the hotel went down with food poisoning.
(7)　The Tokyo Giants went down to the Hiroshima Carp at 1-4.
(8)　I wish my weight would go down.
(9)　The river has gone down to its usual level now that the floods are over.
(10)　The medicine went down without any trouble at all.

(1)　未成年者による殺人事件の発生率が低下した。
　これは基本的意味がそのまま使えるケースで，「このまま低下傾向が続くといいな」と言いたければ，We want to keep the crime rate going down. です。
(2)　彼は第8ラウンドでダウンを奪われそうになった〔いつダウンしてもおかしくない状態だった〕。
　この文はボクシングの試合を報じた新聞記事からの引用だという

3 go down

ヒントがあれば,分かりやすいでしょう。そうです,この場合のgo down は「ダウンを喫する」の意味です。

(3) ラッシュアワーの人込みを縫って進んでいくと,年代物のエスカレーターが下りてくるのが見えた。

ラッシュアワーで混雑した鉄道のターミナルを想像してください。wove は weave「ひもなどを編む」,「縫うように進む」を意味する動詞の過去形です。ancient は「古代の」ですが,ここでは「古い,古めかしい,年代物の」ということでしょう。

(4) 飛行機は島の南方約30マイルの地点に墜落した。

「飛行機が go down する」とくれば,「墜落する」しかなさそうです。

船の場合を考えてみましょう。

「その船は乗組員全員とともに沈没した。」
→ The ship went down with all hands aboard.

「船が go down する」と考えれば,「沈没する」が簡単に表現できます。hand には「乗組員」の意味もあります。

(5) 彼はスピード出世だったが,職場での受けはあまりよくなかった。

go down には「受け入れられる」の意味もあります。

(6) ホテルの滞在客100人以上が食中毒にかかった。

go down に with がつくと「(病気などで)倒れる」。この例文にあるように,食中毒とか,熱射病とかの急性の病気について使うのが一般的です。

(7) ジャイアンツはカープに 1-4 で破れた。

(2)の例文についても,go down のあとに to ... と対戦相手の名前を入れれば,「…のパンチを浴びて危なくダウンするところだった」と言えます。

(8) 体重が落ちてくれたらなあ〔スリムになりたいよー〕。

wish ... ということは,そうした願望はありながら,そうやすやすとはヤセられないということを本人も承知しているようです。

Part 3　go

(9)　洪水が峠を越して，水位が下がってきた。

水位が「上がる，上昇する」には go up を用います。

(10)　薬はなんの苦もなく飲めた。

このケースの went down は，のどから食道を通って胃に達する，ということでしょう。薬がのどに引っかからなかったということです。

ここで，もう一度，例文の (1), (2), (3), (6), (7)をごらんください。もうお気づきになった読者もあるかと思いますが，この5つの例文では go を come に置き換えても，意味は変わりません。come と go は反対の意味を持つことばと考えられていますが，このように，置き換え可能な場合もあるのです。(→65, 67, 207ページ参照)

ギネスブックの記録に残るような偉業を達成した人にも go down が使えます。

「あれっ，go down は，会社員だったら左遷されるとか，会社だったら倒産，飛行機だったら墜落する，のようななにか不吉なことと関連して使われるとばかり思っていた」という方もいるかも知れませんが，そうとばかりは限りません。

たとえば，音楽家として大成し，長く歴史に名を残したというような場合にも使えるのです。英語では次のようになります。

He went down in history as a great musician.

この場合の go down は「下がる」とか「落ちる」ではなく，「(歴史に) 残る，伝わる，記録される」という意味です。しかし，良いことをして後世に長く語り継がれるひととは限りません。

He will go down as the most vicious criminal in the 120-year history of the community.

3　go down

であれば、連続殺人犯かも知れません。なにしろ、その町が誕生して120年もなるのに、かつて見たことも聞いたこともない凶悪な犯罪者だというのですから。

go down in history は「歴史に名を残す」ですが、「記録として残す」と言いたければ、go down on paper とか go down in records が使えます。

Everything you say will go down in our records. は「発言（または証言）のすべては記録されます」となります。裁判所のひとコマでしょうか。被告か証人に対して裁判官が発した事前警告かもしれません。

今度は日本語を示しますので、どの部分に go down が使えるかを考えてみてください。

(1)　株価が値下がりした。
(2)　熱が下がった。
(3)　階下へ行って、子供たちが何をしているか見てきてくれないか？
(4)　スプーン1杯の砂糖と一緒に服用すると、薬は飲みやすくなる。
(5)　太陽が地平線に沈むと、空がピンクと金色に染まった。

(1)　The price of the stock went down.
(2)　My fever went down.
(3)　Go down and see what the children are doing downstairs, will you?
(4)　A spoonful of sugar helps the medicine go down.
　　＊ the medicine goes down は「(飲んだ) 薬がのどから食道をつたって下りていく、のどを通る」。これはミュージカル『サウンド・オブ・ミュージック』のなかの歌にも登場します。
(5)　As the sun goes down below the horizon, the sky became pink and gold.

Part 3　go

　熟語ではありませんが，go down が以下のような意味でも使われることを知っておいてもよいでしょう。

- The President went down to Dallas.（大統領はダラスを訪問した）
  ＊go down には「町からいなかへ行く」の意味もあります。
- I believe as we go down the road that we'll be able to develop a constructive relationship.（将来的には，米ロ両国は建設的な関係を築けると信じています）
  ＊2001年6月18日，ロシアのプーチン大統領との共同記者会見でのブッシュ大統領の発言です。down the road は「将来」で，Economists see a moderate recovery down the road. は「エコノミストはゆるやかな景気回復を予想している」ということです。

Joke コーナー

　One local mortician just raised the price of a funeral. Even going down is going up.
　葬儀屋が葬式の料金を値上げした。死ぬ（going down）にも金のかかる時代になった。
　＊これはかなりの出来のジョークでしょう。go down, go up の使い方がお見事。

149

4 go in; go into

「減税はまだ実施されていません」
The tax cut hasn't gone into effect yet.
減税はまだ実施されていません。
(フライシャー大統領報道官の2001年7月2日の記者会見から)

　go into が，基本的な意味である「…へ入る」，「…へ入っていく」をそのままあてはめられる形で使われることはあまりありません。というか，「…へ入っていく」を意味するのは分かりきったことですから，そのような例文には関心もなく，採集もしてこなかったので，ここでは取り上げないというのが正確な言い方です。come の項では come in と come into の両方を登場させましたが，go については go into の事例が圧倒的に多いようです。そこで，紹介する例文も go in に比べ，go into の割合が多くなります。
　まず，go in の例から。

(1) The neon lights went in and out.
(2) The nervous little mouse kept going in and out of its hole.
(3) She goes in for skating and skiing.
(4) Are you sure we are going in the right direction?
(5) I wonder if you would consider going in with me as a partner.
(6) "There might be no choice but to go in militarily, and as far as I'm concerned the sooner the better."

Part 3　go

(1)　ネオンがついたり消えたりした。

　　go in は「(明かりが) つく」。その反対は go out。

(2)　小さなネズミがせわしなさそうに穴から出たり入ったりした。

(3)　彼女の趣味はスケートとスキーだ〔彼女はスケートとスキーが好きだ〕。

　　go in for は「…が好きだ，…を趣味としている」。

(4)　この方向で間違いないだろうね？

　　「…の方角へ行く」は go in … となることに注意。

(5)　一緒に (商売を) やってみませんか。

　　go in with … は「協力する，協力して (事業を) 起こす」。

(6)　「軍事介入しか選択肢はないかもしれないように思えた。だとすれば，できるだけ早期に，というのがわたしの考えだった。」

　　go in militarily は「軍事的に入る」→「軍事介入する」。「軍事介入」とくれば military intervention しかないと思う人が多いのではないでしょうか。

go into の場合をみてみましょう

(1)　He went into business and is now a prominent man in the City.

(2)　"Police asked questions, going into everything I'd eaten and drunk."

(3)　She went into shock.

(4)　"I know all about that. You don't need to go into those details."

(5)　Ichiro went into right field in the eighth.

(6)　She went into a political asylum.

(7)　The stock price has gone into a tailspin.

(8)　The company went into receivership.

(9)　The U. S. and Japan went into World War II.

(10)　More Japanese elderly people are going into the public

4 go in; go into

nursing care program.

(1) 彼は実業界に入り，今じゃ，シティの有名人さ。

City はロンドンの商業，金融活動の中心地。ニューヨークで言えば Wall Street（ウォールストリート）。

次のような事例では go into business は「新規事業に参入する」という意味になります。

> obtain a license as a rice retailer and go into business（コメ小売業の認可を受け，新規事業に参入する）

(2) 「刑事のヤツ，わたしが何を食べて，何を飲んだかまで聞きやがった。」

この go into は「調べる，調査する」。go into everything には「どうでもいいようなことを，根掘り葉掘りしつこく調べる」のニュアンスが込められています。

(3) 彼女はショックを受けた。

このような場合には shock に冠詞は必要ありません。

(4) 「そのあたりはすべて承知していますので，詳細の説明は結構です。」

この go into は「説明する」。

(5) イチローは 8 回からライトの守備についた。

この go into は「仕事に就く」と共通の意味を持っていると考えてよいでしょう。go into を仕事がらみでは次のように使います。

> I went into nursing with a lot of idealism.（わたしは大きな理想に燃えて看護婦になりました）

> He went into farming after retiring as an electric engineer.（彼は電気技師として働いていた会社を退職して，農業をはじめた）

> "Going into a bank! Not he. He'd go and find work for himself."（銀行に就職だって!?　彼に銀行は合いません。仕事は自分で探してきますよ）

(6) 彼女は政治亡命した。

Part 3　go

(7)　株価は急落した。

tailspin は飛行機がきりもみ状態で急降下することです。

(8)　その会社は倒産して、管財人の管理下に置かれた。

The company went bankrupt and was put under receivership. でも同じ意味です。

(9)　日米は第二次世界大戦で戦火を交えた。

The U. S. went into Vietnam. は「米国はベトナム戦争に介入した（ベトナムで戦った）」となります。以下の例も参照してください。go into の日本語訳としては「侵攻する」がよいでしょう。

> The U. S. didn't have any forces on the ground to stop Saddam from going into Saudi Arabia. （（イラクの）サダム・フセインによるサウジアラビア侵攻を阻止するための地上軍を米国は全く配置していなかった）

(10)　公的介護を受ける高齢者が増えている。

この例文は、「公的年金の受給者が増えている。」→ More Japanese are going into the government pension program. というような形で応用できそうです。

今度は日本語を手がかりに、どの部分に go into が使えるか考えてみましょう。

(1)　多くの教師が身銭を切って〔ポケットマネーから〕、恵まれない子供たちに、学用品を買い与えています。
(2)　アタマの方はちょっと薄くなったが、映画づくりの情熱は衰えを知らず、それが最新のヒット作を生んだ。
(3)　そのプロジェクトにはすでに多額の資金がつぎ込まれていた。
(4)　その自動車は近く商業生産を開始する見通しだ。
(5)　お寺の釣り鐘の多くは大砲をつくるために供出させられた。

(1)は「ポケットマネーから」のところで go into が使えそうです。

4 go in; go into

つまり，自分のポケットに手を差し入れて，（お金を）取り出し，それで学用品を買う，と発想するわけです。英語の原文は次のようになっています。

  Many school teachers go into their personal pockets to buy supplies to underprivileged children.

many school teachers go into ... を直訳すれば「多くの先生が自

Joke コーナー

Why did you go into the cement business?
Because I've always been a good mixer.
セメント会社に就職したのはどうしてですか？
昔から，こねるのがうまかったんでね。

* a mixer には文字通り「ミキサー（セメントなどをかき混ぜる）」と，それから派生して，「(仲間や，同僚などと) うまく交われる人，付き合いのよい人，社交的な人」の意味があります。

  「なんで，セメント会社に就職したんですか？」「だって，堅い（固い）会社ですから」とでもすれば，日本語のシャレにもなります。

I'm her father and I wouldn't go into her room without two things — an invitation and a tetanus shot!
娘の部屋へ入るなんてとんでもない。招待状をもらって破傷風の注射をしてからならはなしは別ですが。

* 勝手に入れば怒られる。中に入ってみれば，散らかし放題で，足元に何がころがっているか分からない。けがでもしたら一大事だから，破傷風の注射をしよう。まさに命がけです。

分のポケットに入っていく」となりますが，まさか，そんなことが可能であるはずもなく，ポケットに入っていくのは先生の手でしょう。

underprivileged は「恵まれない」，poor（貧困な）の婉曲表現です。

(2)の例文で go into が対応するのは日本語の「ヒット作を生んだ」の部分で，went into the making of the box-office film となります。以下がその全文です。

He has lost a certain amount of hair, but retained the zest that went into the making of the box-office film.

zest は「強い関心」，「情熱」，「熱意」。a box-office film は映画の「ヒット作」。box office は映画館，劇場の「切符売り場」です。

(3)の例文は「資金」を主語にして，「多額の資金がそのプロジェクトに go into した」と発想します。go to も同じ意味で使えます。（→173ページ参照。）

Too much money has already gone into the project.

(4)では「自動車が商業生産に入る」と思いつけば，答えが見えたようなものです。

The car is expected to go into mass production soon.

mass production は「大量生産」，「商業生産」のどちらでもよいでしょう。

(5)は(2)と基本的に同じ構造だと考えられます。「…をつくる」の部分に go into the making of … が応用できると分かれば，あとは主語を文頭に置いて出来上がりです。

Many temple bells went into the making of cannons.

5 go on

「人生にはいろいろあります」
It's sad but life goes on.
悲しいことですが，人生にはいろいろありますから〔これも人生でしょう〕。
(ドイツのヘルムート・コール元首相の夫人死亡の知らせに対するブッシュ元米大統領のコメント (2001年7月6日))

ブッシュ，コール両氏は大統領，首相としての公式な人間関係を越えて家族ぐるみで親しくつき合っていたらしく，そのあたりの事情を承知していた新聞記者がコール夫人の死について，元大統領に「何かひとこと」とコメントを求めたときのことばが，上記の例文です。実のところ，この場合の Life goes on. の日本語訳として「人生にはいろいろありますから〔これも人生でしょう〕」が適当かどうかどうも自信が持てません。go on のニュアンスをもう少し取り込んで，「(つらいことですが，) 人生がこれで終わったわけではありません」とか「人生この先まだ長いのですから」とでもした方がよいのかもしれません。

人生についての次の例文では，別の訳を考えてみました。

In three words I can sum up everything I've learned about life. It goes on.
わたしが人生について学んだことのすべてはたった3語で表現できる。「とどまる」「ことは」「ない」。

Part 3 go

「歩みを止めることはない」,「立ち止まることはない」あたりでもよいかも知れません。

それはともかく, go on は go の仲間の熟語としては, 最も登場回数が多い部類に入ることは間違いありません。ということは, その意味するところも多様だと考えてよいでしょう。以下のリストをごらんください。

(1) "I can't think of that right now. I'll know better next week what's going on."
(2) Workers went on (a) strike.
(3) As the leader of this remarkable school, he's helped thousands of people go on to careers in education, in medicine, in law enforcement.
(4) I want to say a little about what's going on in Congress.
(5) There will be more people coming in as time goes on.

(1) 「今は, 何も言えない。来週になれば多少, 状況がはっきりするだろう。」

what's going on の共通の意味としては「現在, 何が起きているか」ということです。それが, 文脈によって,「状況」になったり,「現状」になったり, (4)の例文にあるように「動向」と訳すのが適当だったりするわけです。

(2) 労働者はストに突入した〔労働者はストに打って出た。ストを決行した〕。

She went on a trip to New York.(彼女はニューヨークへ向かった)も同じ用法でしょう。

(3) このすばらしい学校の校長として, 多数の生徒を教師に, 医師に, そして警察官に育て上げました。

law enforcement は「法の執行」ですが,「警察」の意味で使われることの方が圧倒的に多いでしょう。law enforcement officer

5　go on

は広い意味での「警察官」。お巡りさんから警察幹部までを指し，「警察官」の意味では policeman よりははるかに広く使われています。

(4) 議会の動向について，少々お話したいと思います。

「議会でどんなことが起きているのか」ですから，ひとことで言えば「議会の動向」。2001年4月2日のスピーチで，ブッシュ大統領は次のように発言し，国民に政治への関心を高めるよう呼びかけています。

"Let's pay attention to what's going on in the Nation's Capital."（「米国の首都で何が起きているか〔ワシントンでの政治動向に〕，関心を持とうではないですか」）

(5) 時間がたてば，参加者はもっと増えるだろう。

今度は日本語から go on がどのような意味で使われているかを探ってみます。

(1) 論争は果てしなく続いている。
(2) 社会というものは〔社会の動きというものは〕，そういうものでしょう。
(3) このあたりでは発砲事件は日常茶飯のできごとで，警察当局が捜査に乗り出すのはまれだった。
(4) もう，1時間半もはなしを続けています。
(5) 和平協議は継続中だ。

(1) The debate has gone on too long.
(2) That's how society goes on.

この項の冒頭で取り上げたブッシュ元大統領のことばを思い出してください。

(3) Shootings go on here with such regularity that the authorities seldom troubled to investigate.

Part 3　go

with such regularity は「それほど定期的に」→「頻繁に」,「日常茶飯に」。

(4)　"I've gone on for an hour and a half."

「はなし続ける」は go on speaking とせず, 単に go on だけでも表現できます。

(5)　The peace process is going on.

ブッシュ大統領の中東情勢に関する発言（2001年3月29日）にも go on が登場します。

"The tragic cycle of provocation and violence has gone on far too long."
「挑発と暴力の悲劇的な悪循環は余りにも長期間に及んでいます。」

go on のイディオムのいくつかを以下に例示します。

- He just went on and on about his new car.（彼は買ったばかりのクルマのことを飽きることなくしゃべり続けた）
  ＊ go on about ... は talk endlessly about ということです。
- He went on at her for over an hour, screaming and waving his arms.（彼は彼女を1時間以上もどなりつけた。大声を張り上げたり, 腕を振り回したたりして）
  ＊ go on at ... は「…をどなりつける, …に対しわめき散らす」。
- It's going on for midnight, let's go to bed.（もう真夜中だから寝るとしよう）
- Grandmother is going on for 80.（祖母はそろそろ80歳です）
  ＊上記の2例の go on for ... は「…に近づく」。
- The number of people who have gone on the dole has risen since jobs became harder to find.（就職難で失業手当ての受給者が増加している）

5 go on

* go on the dole は「失業手当てを受ける」。dole は「施し物」。
- The business association went on record as favoring the new economic package. (その業界団体は景気対策に賛成の立場を明らかにした)

  * go on record は「(立場, 考えを) 明らかにする」。
- The singer goes on tour for several weeks every year. (その歌手は毎年, 数週間の地方公演に出かける)

  * go on tour は「(商売や, 公演で) 旅に出る」。
- Go on with your work. (仕事を続けてください)

  * go on with... は「…を継続する」。

Joke コーナー

My mother-in-law has just gone on the pill. She does not want any more grandchildren.

わたしの義田はピルの服用を始めたんだ。孫はもうたくさんだってね。

  * おばあさんがピルを服用しても, 孫がこれ以上増えないという保証は, もちろん, まったくありません

You know what amazes me? How many young people today are on diets. When I was a kid it was easy to go on a diet. Just show up for dinner two minutes late!

近ごろ, ダイエットしている若い人が多いのには驚くねえ。わたしが子供のころはダイエットしようと思えば実に簡単だった。夕食に2分も遅れれば, 自動的にダイエットだ。

  * 2分も遅れれば食べるものが何も残っていないということでしょう。食物がいまほど潤沢ではなく, 兄弟姉妹が4〜5人いるのがふつうだった時代のはなし。

6 go out

「レストランを経営してみたいと思ったら，…」

The great American experience is to own your own business, is to own your own home, is to own something. If you have an idea, you can go out and start a restaurant. And it's your own.

アメリカ人の大きな夢は自分でビジネスを起こすことであり，自分の家を持つことであり，何かを自分で獲得することです。(たとえば) レストランを経営してみたいと思ったら，独立して自分の店を持つこともできるのです。

（ブッシュ大統領の2001年4月2日のスピーチから）

上の例文の go out の背景には，これまではレストランで雇われる身分だった従業員かコックさんが「その店を出て独立し」，自分の店を持つというような状況が想定されます。

最初の例文は「外へ出る」がそのままあてはまりそうなものをいくつか選んでみました。

(1) "Nobody'd go out in this extreme heat. Now we're looking at an empty shop."
(2) No. 1 Platform was not at the moment unduly crowded, since a train had just gone out.
(3) "People don't go out at night or they do so only in big groups. The public also is pressing authorities for better public security."

6 go out

(1) 「この猛暑じゃ，買い物に外出しようなんて人はいないでしょう。おかげで，店はガラガラですよ。」

Nobody'd は Nobody would の略。We're looking at an empty shop. は「カラの店を見ている」→「店にはだれもいない」、「店はガラガラだ」。

(2) 列車が出発したばかりだったので，1番ホームはさほど混雑してなかった。

unduly は「はなはだしく」。このケースの gone out は left, departed などと言い換え可。

(3) 「夜は外出しません。どうしても外出するときは，大勢で一緒に出かけます。治安強化を警察当局に要請しています。」

今度は「外へ出る」そのままではちょっと処理できない go out の例文です。

(1) The message went out loudly and clearly.
(2) "There are a couple of very important letters which have been hanging fire. They should go out today."
(3) The Serbian forces went out on schedule.
(4) Most loans now go out without strings requiring the money to be spent on projects where Japanese companies can win contracts.
(5) All of our hearts go out to the families affected by the earthquake.
(6) Columbo stared at his cigar. It had gone out.
(7) "Instead of the commercial going out to everyone watching the movie, five messages would go out, each one targeted to a specific group."
(8) The pacemakers went out a little too quickly.

Part 3 go

(1) メッセージ〔主張〕は明瞭に発信された。

　loud and clear は「明瞭に」,「はっきりと」。went out は「発信された」で,そのメッセージが実際に伝わったかどうかはこれだけでははっきりしません。

(2) 「出しそびれている重要な手紙が数通あるの。きょう,発送しないとまずいのよ。」

　hang fire は「ぐずぐずする」,「延期する」。letters が go out とくれば「発送する」,「投函する」。

(3) セルビア軍は予定通り撤退した。

　「撤退する」の意味でよく使われるのは withdraw, pull out ですが, go out も可だということがこの例文で分かります。

(4) 対外借款のほとんどは,使途を日本企業が施工するプロジェクトに限定した,かつてのようないわゆるひもつきではない。

　この場合の go out は「対外援助」のなかに取り込まれていて,動詞としては,表面に出てきません。

(5) 地震で不便を強いられている被災者の皆様に,こころよりお見舞い申し上げます。

　affected は「影響を受ける」。地震の被災者だから,「不便を強いられる」。

(6) (刑事)コロンボは葉巻を見つめた。火はすでに消えていた。

　The boiler went out. は「ボイラーの火が消えた」。消えたのは,葉巻やボイラーそのものではなく,葉巻やボイラーの「火」。

(7) 「(テレビで)映画をみているすべての人を対象に同一のコマーシャルを流すのではなく,5つのコマーシャルを用意しておいて,それぞれ最も効果の期待できる視聴者に向けて流そうというのです。」

　この go out の意味は(1)に近いといえるでしょう。ここでは「コマーシャルを流す」と訳しておきましたが,「コマーシャルを発信する」でも意味は通じるはずです。

(8) (マラソンで)先頭集団の飛び出すのがちょっと速かった。

6　go out

go out の近い兄弟にあたる go out of についても簡単に触れておきましょう。これは「…の外へ出る」,「…から外れる」を共通項とする熟語です。代表的な用例は以下の通りです。

(1) The car went out of control. （自動車はコントロールがきかなくなった）

(2) Hard working seems to have gone out of fashion in Japan. （「勤勉」という日本の伝統的価値観は時代遅れになってしまったようだ）

(3) The prime minister went out of his way to offer his condolences to the family of the murder victim. （首相は殺人事件の犠牲者の遺族に哀悼の言葉を述べた。これは異例なことだ）

go out of one's way to ... は「わざわざする」という意味で,「首相がわざわざした」のくだりを「これは異例なことだ」と意訳しました。Please don't go out of your way for us. ならば,「あまり気を使わないでください」,「どうぞ, お構いなく」あたりでしょう。

(4) My party clothes have gone out of style [fashion]. （わたしのパーティー用の衣装はもはや流行遅れだ）

go out of date も同じ意味。

(5) The company went out of business. （その会社は倒産した）

(6) Our car went of action when the severe cold ruined the engine. （あまりの寒さにエンジンが凍てつき, 始動できなくなった）

(7) As the scene went out of focus, I had to adjust the camera. （その風景のピントがずれたので, カメラの焦点を合わせた）

(8) This elevator went out of service last week. （このエレベーターは先週, 故障した）

(9) The airplane went out of sight before I could focus my camera on it. （カメラの焦点を合わせる前に飛行機は視界から消えた）

go out of sight は「見えなくなる」。ことわざの「去る者は日々に疎し」は，"Out of sight, out of mind." です。

(10) I nearly went of my mind, just sitting there doing nothing.
(何もせずにそこに座っていると，頭がおかしくなりそうだった)

go out of one's mind には「頭がおかしくなる」以外に，以下の例文のように「自制心を失う」，「忘れる」の意味があります。

Whenever he drinks he almost goes out of his mind.（あの男は飲むと，決まったように自制心を失ってしまう〔前後不覚になる〕）

The appointment went right out of my mind.（約束があった

Joke コーナー

Husbands are like wood fires. When unattended, they go out.

夫とかけて薪を使った暖炉の火と解く。そのこころは，ほったらかしにすると go out する。

* ここでは go out を「火が消える」と「姿を消す，外出する，ずらかる」の2つの意味で使っています。

"Do you think the fun and excitement have gone out of our marriage?"

"I'll discuss it with you during the next commercial break."

「喜び，そして，わくわくするような興奮といったものはぼくらの結婚生活からはもはやなくなってしまったんだろうか?」

「ちょっと待ってて。その件については次のコマーシャルの間に話すことにしましょう。」

* テレビを見ている中年夫婦の会話です。

6　go out

ことをすっかり失念してしまった）

go out のイディオムをみてみましょう。
- We went all out but it was not appreciated at all.（全力を尽くしてやってみたが全く評価されなかった）
- We'll go all out to prove that our approach is the only one possible.（われわれの手法が唯一可能な方法だということを証明すべく全力をあげる）

上記2例の go all out は「力の限り努力する，精一杯やってみる」ということです。
- All the workers went out on strike.（すべての労働者がストに参加した）

go out on strike は「ストを打つ」，「ストに参加する」。
- All of my sympathy [heart] goes out to her.（彼女にはまったく同情いたします）
- My thanks go out to you all.（皆様方には感謝しております）
- Will you go out with me next Saturday?（今度の土曜日，わたしとデートしてくれる？）

7 go through

「(閣僚) 人事がすべて (議会の) 承認を得られる」
  "The President is confident that all his nominees will go through."
「大統領は (閣僚) 人事がすべて (議会の) 承認を得られるものと確信しています。」
(フライシャー大統領報道官の2001年1月29日の記者会見)

「通り抜ける」が go through の基本的な意味とはいえ,実際には,上記の例文のように,「議会を通過する」→「議会の承認を得られる」とか,「厳しい時代を通り抜ける」→「厳しい時代を経験する,辛酸をなめる,つらい目にあう」,「変革期を通り抜ける」→「変革期を迎える,変革期を経験する」,「リストラを通り抜ける」→「リストラを実施する」のように比喩として使われることが圧倒的に多いようです。また,「…を詳しく調べる,チェックする」の意味でもよく登場します。

(1) We went through the files [records].
(2) "You can really have no idea what we've been all going through."
(3) The Japanese political scene goes through a major change.
(4) The situation in a lot of those Asian countries is more like what the U. S. went through in the 1930s.
(5) "I know the thoughts that are going through your mind [head]."

(6) Her mind was as if a cyclone had gone through it.
(7) The merger plan went through.
(8) "If I go through my career not winning the French Open, sure, it's disappointing."
(9) A typical player goes through thousands of balls in a single session.
(10) I'm going through with the lunch first.

(1) ファイル〔記録〕を詳しく調べた。

ハンドバッグの中身を「チェックする」のような場合にも go through が使えます。

例："You take the knapsack and I'll go through his pockets." （オレがヤツのポケットを調べるから，あんたはナップサックをやってくれ）

(2) 「われわれがどんな目に遭ってきたかなかなか分かってもらえないでしょうね。」

go through から連想するのは，戦争や大震災，大不況といった「苦しい，つらい，困難な」出来事や経験が多いようです。似たような文脈で come through を使えば「困難を切り抜ける」の意味になります。たとえば，

We have come through many difficult times. （困難な問題はいろいろあったが，なんとか，切り抜けてきた）

のように使います。（→117ページ参照）

「これからも多くの困難な目に遭うだろう」ということであれば，There'll be a lot to go through. です。

(3) 日本の政治は大変革期を迎えている。

例：We are going through demographic changes. （わが国は（高齢者人口の増加など）人口統計上の変化を目のあたりにしている）

(4) アジアの多くの国の現状は，米国が1930年代に経験したものと共通しています。

Part 3　go

(5)　「あなたの考えていることはお見通しです。」

thoughts that are going through your mind は「あなたの頭の中を通過している考え」が「わたしには分かる」→「お見通しです」。

(6)　彼女の心はサイクロンが通り過ぎたあとのように荒れ果てていた。

これは「通り抜ける」という基本的な意味がぴったりのケース。

(7)　合併計画は予定通り実現した。

go through には「ことがうまく予定通り運ぶ」、「商談がまとまる」といった意味もあります。

(8)　「テニス選手として，全仏オープンで優勝できなかったら，悔いが残るでしょうね。」

この場合の go through は「…を終える」ということです。go through my career (as a tennis player) は「テニスの選手生活を終える」。

(9)　(パチンコの客は) 1回平均数千発のタマをはじく。

go through はこんな使い方もできるのか，という一例。

(10)　まず，昼食をとってからということにしよう。

go through に with がつくと「やり抜く」、「成し遂げる」の意味になる，と辞書には説明があります。でも，「昼メシをやり抜く」ではおかしいので，「昼メシを済ます，昼食をとる」。

イディオムをみておきましょう。
- He's really been going through the changes lately. (彼はこのところ苦労続きだ)

　＊ go through the changes は「つらい目にあう」、「苦労する」。
- He has gone through the mill to become a director of the company. (あの人はいろいろ苦労を重ねて重役まで登りつめた)

　＊ go through the mill は「苦難を経験する」、「(地位の低いポストを経験しながら) 出世階段を上る」。
- You don't seem to be doing your job —— just going through

7　go through

the motions.（まじめに仕事をしているようには見えないな。仕事のまねごとだな）

＊ go through the motions は「…するふりをする」,「…のそぶりを見せる」。

- Don't come to me with your complaints. You'll have to go through the proper channels.（わたしのところへ苦情を持ってこられても困ります。しかるべき筋と相談してください）

  ＊ go through the proper channels は「正規の手続きをとる, 手順を踏む」,「しかるべき人や役所を通す」。

- I've seen so many sad cases go through my hands in these courts.（裁判官として悲しい事件をたくさん扱ってきました）

  ＊ go through someone's hands は「仕事として扱う, 処理する」。

- Kenji loves Keiko; he would go through fire and water for her.（健二は恵子が好きなので, 彼女のためなら命も捨てる覚悟だ）

  ＊ go through fire and water for someone は「(愛情や忠誠心のために) 何でもする」。日本語にも「あなたのためなら, たとえ火の中, 水の中」という言い回しがあります。

- My father went through the roof when he learned I failed the exam.（試験に落ちたの知って, 父は激怒した）

  ＊ go through the roof は「激怒する」。この成句には「物価などが急騰する, 急激に上がる」の意味もあります。次の例文を参照してください。

- House prices have gone through the roof this year.（今年に入って住宅価格が急騰している）

- I have to go through with it, no matter what.（なんとしてでも, 完遂したい）

  ＊ go through with ... は「…を終了する, やり遂げる」。次の例も同様です。

- I will go through with my plan whatever the opposition.（どん

なに反対されようと，計画を実行してみせます）

クルマ好きな人は次の表現をぜひ覚えておいて下さい。
・Since its release [debut] in December 1995, the subcompact has gone through two model changes.（1995年の発売以来，その小型車は2回モデルチェンジした）

新約聖書のマタイ書にはgo throughが登場する有名な一節があります。
・It is easier for a camel to go through the eye of a needle, than for a rich man to enter into the kingdom of God.（金持ちが神の国に入るよりもラクダが針の穴を通るほうがたやすい）
＊針の「穴」を「目」と表現するのも面白いところです。

Joke コーナー

I'm a very careful driver. I always slow down when going through a red light.
わたしの運転はとても慎重でしてね，赤信号の時は速度を落として通過するんです。

In prehistoric times, cavemen had a custom of beating the ground with clubs and uttering spine-chilling cries. Anthropologists call this a form of primitive self-expression. When modern men go through the same ritual, they call it golf.
石器時代の洞穴人には，ぞっとするような叫び声をあげながら地面を棒でたたく風習があった。人類学者はこれを原始的な自己表現の一形態とみている。現代人が同じ儀式を執り行うと，ゴルフと名前を変える。

8 *go to*

> 「この2億ドルは…世界基金に全額拠出される」
> This 200 million dollars will go exclusively to a global fund to help the international effort to fight AIDS.
> この2億ドルはエイズ対策国際協力のための世界基金に全額拠出されます。
> (2001年5月11日のブッシュ大統領のスピーチから)

go to … には「…へ行く」ぐらいの意味しかないだろうとタカをくくっているとすれば、それは大いなる間違いです。

たとえば、上記の例文からもお分かりいただけるように、日本語の「拠出する」にあたる英語表現は、最もやさしい単語のひとつである go to の組み合わせで間に合うのです。

「拠出する」とくれば、英語に通じた人はすぐに contribute という単語を思い出すことでしょう。確かに、米国政府とか日本政府を主語にすれば、The U. S. government will contribute 200 million dollars to a global fund … という形で使えますが、金額を主語にすると go to でも可です。米国の大統領が堂々と使っているのですからなんの心配もいりません。

次の例文もブッシュ大統領のスピーチからの引用で、宗教系の社会奉仕団体に政府の資金援助を提供すべきかどうかに対する大統領の見解を述べたくだりです。

"Public money already goes to Catholic charities."(カトリック系の慈善団体にはすでに(補助金として)公的資金が使われていま

Part 3　go

す〔支出されています〕）

　この例文の go to を日本語に訳せば「使われる，支出される」ということになり，その意味でひんぱんに登場します。例文を紹介しましょう。

(1)　Ninety billion yen would go to prizes.（(サッカーくじの売り上げは年間1,800億円と見込まれており，そのうち) 900億円は賞金として払い戻される）
(2)　Japanese ODA last year went to 161 developing countries and territories.（日本は，昨年，161ヵ国・地域に政府開発援助を供与した）
　　＊ ODA は official development assistance（政府開発援助）の略。「援助」は aid ではなく assistance です。
(3)　Much of the 9.6 trillion yen spent on public works in fiscal 1995 went to rural regions.（1995年度の公共事業予算9兆6,000億円の多くは農村部向けだった）

　例文すべてに go to ... が登場します。前後関係によって，それぞれ「払い戻される」，「供与する」，「…向けだった」と訳してみました。どう日本語に訳すかはあまり重要ではないのですが，このように，「…へ行く」からは想像できないような広い範囲を go to がカバーしていることがお分かりいただけたかと思います。
　go to ... の世界をもう少し探ってみます。日本語訳を先に示し，その英語原文を想像していただきましょう。そうした方が go to の意外性を浮き彫りにできそうに思えるからです。

(1)　一人暮らしをしていると，睡眠時間が両極端になる可能性があります。寝過ぎか睡眠不足のどちらかです。
(2)　お前はムショ暮らしになるかも知れないな。

(3) 財政赤字は3,800億ドルに達すると見込まれていた。
(4) 問題があるのなら,公正取引委員会に直接,訴えたらどうかと,コダック社に対し一貫して主張している。
(5) 「ヤンキースにトレードされると聞いてショックだ」とフィールダーは語った。

(1)は「両極端になる」のくだりでgo toを使います。go to extremes で「極端に走る」。「寝過ぎか睡眠不足のどちらか」ですから,go to either extreme で extreme は単数形となります。全文は,

If you live alone, you can go to either extreme. You can get too much sleep or get too little.

「極端にならないよう用心した方がよい」は,You'd better avoid going to extremes. です。

(2)の「刑務所に入所する,ムショ送りになる」は go to prison で,prison には a も the もつきません。「かも知れない」ですから,You might go to jail.

(3)は「金額がいくらになる」の部分で go to が使えます。この意味では come to ... でも同じ意味になります。(→75ページ参照)

正解は,The budget deficit was projected to go to 380 billion dollars. です。

(4)の「公正取引委員会に訴える」を英語原文では go to the FTC と表現しています。FTC は Fair Trade Commission の略で「公正取引委員会」。「そこ(公正取引委員会)へ行く」と英語で表現すると「公正取引委員会に訴える」の意味になるのです。「直接,訴える」ですから directly go to the FTC。全文は以下の通りです。

We have always insisted that Kodak go directly to the FTC if it had something to complain about.

complain about は「…について苦情がある」。insist(主張する)のあとは that で受け,主張する相手(この場合はコダック社)で

Part 3　go

つないで，それに続く動詞（この場合は go）は原型となります。コダック社が3人称単数現在形であっても goes とはなりません。order（要請する），request（要請する），propose（提案する）などでも insist と同様のパターンとなります。

　(5)は「ヤンキースへトレードされる」が go to the Yankees で表現できます。次のように英訳できます。

　　"I'm shocked I'm going to the Yankees," Fielder said.

　なにかヤバイことをして臭いメシを食わなければならないような状況から，公正取引委員会への提訴，そして，メジャーリーグの選手のトレードまで，go to の活躍のほんの一端を紹介しました。

　英語を母国語とする人たちにとってはそのすべてが go to のなかに自然に納まっていて，なんの違和感もないのでしょうが，外国語として英語に接触しているわれわれにとっては，その守備範囲の広さになかなかついて行けないというのが実態でしょう。そのハンディを克服するためには，新聞，雑誌，テレビやラジオ，また，映画，音楽，なんでもいいから英語に接する機会を増やし，英語に対するセンスを鋭くする以外に方法はなさそうです。

　今度は英語の原文を通して観察し，go to がどのような日本語に対応するのか考えてみましょう。

(1)　spend more than two hours going to and from work
(2)　His sharp eyes went to the suspect.
(3)　People go all to pieces listening to this music.
(4)　The council's report is to go to the Health and Welfare Ministry.
(5)　If a crisis occurred, the main bank would decide whether to go to the company's aid [rescue] or seek its liquidation.
(6)　Any woman can go to the altar again if she wants to.
(7)　He will go to trial on the murder and armed robbery

charges.
(8) The letter went to all the students.
(9) The independent MP said he will not go to the Liberal Democratic Party.
(10) "Don't go to the State Department as number two," he advised.

(1) 通勤に往復2時間以上かかる。

going to and from work は「仕事の行き帰り」→「通勤」。

(2) 「彼の鋭い目が容疑者へ行った」ですから,「彼は鋭い目を容疑者に向けた」。

(3) この音楽を聞くとみんなメロメロになるんだ。

go (all) to pieces は,文字通り,「粉々になる,バラバラになる」。これから派生して,「からだが言うことをきかなくなる」,「まとまりを失う」,「自制心を失う」,「肉体,精神的に変調をきたす」などの英訳にも応用がききます。

(4) 審議会の報告は厚生省に行く。

審議会の報告は厚生省に提出されます。

(5) メーンバンクは,経営危機に陥った企業に対して救済か清算かの決定権を持っていた。

go to the company's aid [rescue] は,銀行が「(借り手である)企業を支援〔救済〕する」。

(6) (離婚を経験した) 女性でも,その気さえあれば,だれでも再婚は可能です。

altar は教会の「祭壇」。go to the altar で「結婚する」。

(7) 彼は殺人と強盗の罪で裁判にかけられる。

go to trial は go to prison (刑務所送りになる) と同様で,trial には a も the も不要。「殺人と強盗事件の被告だ」,「殺人と強盗罪で起訴された」と訳してもよいでしょう。

(8) 手紙は全学生に発送〔郵送〕された。

これは go out の項でも説明しました。(→162-163ページ参照)

(9) その無所属議員は自民党には入党しないと明言した。

MP は member of parliament（国会議員）の略。will not go to the Liberal Democratic Party を直訳して「自民党には行かない」でも通じることは通じます。

(10) 「国務省で仕事をするなら，長官だ（ナンバーツーに甘んじるな）」と彼は忠告した。

おもしろい言い方だと思います。(9)は「自民党に入党する」でしたが，今度は「国務省」というお役所で，職場を指していますから，「仕事をする」。

次に go to のイディオムをみてみましょう。

- He goes to bat for us every time we need it. （彼は必要なときにはいつも助けてくれる）
  * go to bat for ... は「…を支援する，助ける」。もともとは野球用語で「…の代打で打席に立つ」でした。反対は go to bat against ... です。
- I go to bed about midnight. （午前零時ごろに就寝する）
  * go to bed は「就寝する」，「ベッドに入る」，「横になる」。go to bed with someone は「…とセックスする」。go to bed だけ

Joke コーナー

My mother-in-law went to a computer dating agency. She was told her ideal mate had been extinct for four million years.

わたしの姑はコンピュータを使ったお見合いサービス会社へ行ったんです。そこでねえ，理想の相手は400万年も前に絶滅したって言われたんですって。

8 go to

でも同じ意味があります。

- Why did you go to such expense?（なんでそんなに散財したんだ？）
- Let's not go to extremes.（ほどほどにしておこうよ）
- Time to play ball. Go to it!（さあ試合開始だ。がんばって行くぞ）
- He went straight to the heart of the matter.（彼は問題の核心をズバリと突いた）
- I didn't like him so I told him to go to hell!（虫の好かないやつだったので，くたばりやがれ，と言ってやった）
- The number of people who actually go to the polls seems to depend on the weather.（投票率は天候次第だろう）
  * go to the polls は「投票する」。poll は「世論調査」，polls となって「投票所」。
- The murderer had gone to ground somewhere in Tokyo's Shinjuku district.（殺人犯は東京の新宿地区に潜伏した）
- All her hopes went to pieces all at once.（彼女の希望は一瞬のうちに打ち砕かれた）
- When he lost his wife, he went completely to pieces.（奥さんに先立たれ，彼は生きる望みを失った）
- Following the defeat in the election, the opposition party went to pieces.（選挙に敗北し，野党の組織はガタガタになった）
- The teacher went to great lengths to explain the situation.（先生は状況を詳細〔懇切丁寧〕に説明した）
  * go to great lengths to ... は「骨を折って…する」，「一生懸命…する」。
- If you can't settle your argument with your neighbor over the limits of your property, you may have to go to law.（土地の境界線をめぐる隣家とのもめごとが解決できなければ，訴訟を起こさなければならないかもしれないな）
- My sense of direction seems to have gone to pot; where on

earth are we?(方向感覚がマヒしたようだ。いったいわれわれはどこにいるんだろう？)

　＊go to pot は「破壊される，使い物にならなくなる，価値が下がる」。

- It's too late to correct those mistakes, the book has already gone to press.(本はすでに印刷に回ってしまったので訂正はきかない)
- The whole project went to rack and ruin just because of you. (おまえのせいでプロジェクトがめちゃくちゃだ)

go to rack and ruin は「壊れて価値を失う」，「崩壊する」。
- I went to sea when I was 18.(わたしは18歳で船乗りになった)

　＊go to sea で「船員になる」。
- While we were away on holiday and no one looked after the garden; all the vegetables went to seed and were unfit to eat. (休暇で留守の間，畑をほったらかしにしていたら，野菜が収穫期を過ぎてしまった)

　＊go to seed は「野菜などが育ち過ぎる〔育ち過ぎてタネを収穫する状態になる〕」。

「手入れを怠ったので荒廃する」の意味もあります。次の例文を参照してください。
- The place had gone completely to seed, with lawns uncut and gates hanging off their hinges.(その家はすっかり荒廃していた。芝生は伸び放題で，門扉はちょうつがいから外れていた)

人間に関しては次の例のように用いることもあります。
- Grandfather has gone to seed since he finished working; he needs to have something meaningful to do.(祖父は退職してから老け込んでしまった。何か生きがいが必要だ)
- When everything seems to be going to the dogs, it's time for vacation.(何をやってもうまく行かないようだったら，休暇でもとって気分転換だ)

8 go to

  * go to the dogs は「ダメになる」,「落ちぶれる」。
- The film director is really going to town on this production. (映画監督がこの作品にかける意気込みは中途半端ではない)
  * go to town は「力を入れる」。次の例文も参照。
- They weren't very good last year, but they're really going to town this year. (昨年はイマイチだったが, 今年は力の入れようが違う)
- The murderer will go to trial tomorrow. (殺人犯の裁判はあす開かれる)
- In these hard times, many small firms have gone to the wall because they could not compete with big businesses. (不景気で多くの中小企業が倒産した。大企業との競争に勝てないからだ)
  * go to the wall は「試合に負ける」,「倒産する」。
- I can't bear to see food going to waste. (食物が廃棄処分されるのを見るのは耐えがたい)
  * go to waste は「廃棄される, 処分される」,「ゴミになる」。
- We aren't going to go to war over this. (この問題で戦争を始めることはない)
- This is a real problem. I'll have to go to the manager. (これは大問題だ。部長と相談しなければ)
- Please don't go to the trouble of cooking a big dinner. (夕食にお手をわずらわせては恐縮です)
  * go to the trouble [bother] of doing something ... は「わざわざ…をする」。a big dinner は「豪華な夕食」。
- The police went to work on him, who told them what they wanted to know. (警察は彼に協力を要請し, 必要な情報を入手した)
  * go to work on someone ... は「…に働きかける」,「…を説得する」。

9 go up

「消費者物価は上昇しています」

For too long, we had no energy policy. And like you, I'm deeply concerned about consumer prices. They're going up.

長い間，米国には（確固とした）エネルギー政策がありませんでした。（原油価格の高騰による）消費者物価の上昇についてはわたくしも心配しています。

（2001年5月9日のブッシュ大統領のエネルギー政策に関するスピーチから）

We had no energy policy. を正直に訳すと，「米国にはエネルギー政策がなかった」となりますが，いくらなんでも，エネルギー政策がまったく不在ということは考えられないので，「確固としたエネルギー政策」としておきました。現に，ブッシュ大統領は別の演説で米国のエネルギー政策に言及し，We had no solid energy policy. と発言しています。solid がまさに「確固とした」の意味です。

カリフォルニア州の大規模停電に代表される米国のエネルギー危機はかなり深刻で，ブッシュ大統領はチェイニー副大統領のもとに特別チームを編成し，総合エネルギー政策を打ち出しました。

カリフォルニア州の電力非常事態は，電力事業の自由化が裏目に出たのが原因の1つですが，もう1つの原因とされた原油価格の高騰は，一般の消費者物価にも影響を及ぼし，ガソリン小売価格の上昇をもたらしました。ブッシュ大統領が懸念を表明したのも，消費

9 go up

者物価の価格上昇だったのです (Consumer prices are going up.)。

同じエネルギー問題について，フライシャー大統領報道官は2001年5月31日の記者会見で次のように語っています。

> Even if more supply were to come on the market from OPEC, until refinery capacity goes up, it's going to be harder to get that supply to markets.

この例文でも go up が登場します。come も come on the market となって顔を見せています。

OPEC は Organization of Petroleum Exporting Countries (石油輸出国機構) の略。supply は「(原油の) 供給」。refinery capacity は「(原油) 精製能力」。
全体を訳せば次のようになるでしょう。

> 仮に OPEC からの原油輸入量が増えても，原油の精製能力が増強されなければ，(ガソリンなどの石油製品を) 市場に供給することは難しいでしょう。

今度は「原油精製能力」に関連して go up が使われています。日本語としては「上昇する」ではなく，「増強する」とした方が座りがよいでしょう。

その他の go up の例文は以下のリストをごらんください。どのように日本語に訳すかは別にして，go up が基本的意味から大きく外れることはあまりないようです。

(1) My weight goes up and down very frequently.
(2) "Share prices always go up in September when people come back to work."
(3) His guard went up.

Part 3　go

(4)　Her scores in math went up dramatically.

(5)　Life expectancy is going up.

(6)　Five hands went up in favor of the proposal.

(7)　All the money went up in smoke.

(8)　He has gone up very fast on the corporate ladder.

(9)　A college professor went up against the incumbent governor of Chiba Prefecture.

(10)　The condominium, to go up near the railway station, will cost 10 billion yen.

(1)　わたしの体重は変動が激しい〔しょっちゅう上がったり，下がったりする〕。

(2)　「株価は9月になるといつも上がるんだ。夏休み明けで，みんな職場に戻ってくるからさ。」
株価が「下がる」は go down で表現できます。

(3)　彼は警戒を強めた。
guard は「警戒」，「監視」。

(4)　彼女の数学の成績が急激に伸びた。
「…の成績」は scores *in* … 。

(5)　平均寿命は伸びている。

(6)　提案に賛成の5人が挙手した。
「賛成の方は挙手をお願いします。」→ Those in favor, please raise your hand.

(7)　つぎ込んだ金はすべて煙のごとく消え去った。
All the money went down the drain. も同じ意味。drain は下水溝。go down the drain は「どぶに捨てたようなもんだ」。

(8)　彼はスピード出世だ。
corporate ladder は「会社の階段」→「出世の階段」。「左遷される」は go down。

(9)　大学教授が千葉県知事選で現職知事の対立候補となった〔現職

183

9 go up

知事に戦いを挑んだ〕。

go up against ... は「…に挑む，挑戦する」。go down to ... は「(対戦して) …に破れる，負ける」。(→145-146ページ参照)

(10) 駅の近くに建設されるマンションの事業費は100億円だ。

この場合の go up は建築物が「建てられる」。

イディオムをみておきましょう。

・The business went belly up after one year of operations. (事業は1年で破たんした〔倒産した〕) (→138ページ参照)

Joke コーナー

What were the last words of an elevator operator?
 "Going up?"
エレベーター係は死に際に何か言ったかい？
うん，「これは上に行くんですか？」ってね。
 ＊Going up? には，エレベーターが「上に行くのか？」と「天国に行けるのか？」の2つの意味が込められています。Going down. なら「地獄行き」です。

A man went up to a hot-dog stand and ordered a hot dog from the bottom of the pile. "No problem," said the vendor, "but how come?"
 "I'm always for the underdog," the man explained.
男の人がホットドッグ売り場に行って，ホットドッグの山のなかから一番下にあるのを注文した。「承知しました」と店員。「でもどうして一番下を？」
 「わたしはいつも弱者の味方なんです」と男の人。
 ＊hotdog と underdog の語呂合わせ。underdog は「社会の犠牲者」，「生存競争の敗者」。

Part 3　go

- The champ went up against the challenger in a Tokyo match.（チャンピオンは東京で行われた試合で挑戦者と戦った）
- All our hopes for peace have gone up in flames [smoke].（平和の望みは完全に打ち砕かれた）
  * go up in flames [smoke] は「燃え尽きる」,「跡形もなく〔完全に〕破壊される」。

  次の例文も参照してください。
- The entire forest went up in flames.（森は完全に焼き尽くされた）
- You will go up in the world. I can tell.（きみは出世するよ。間違いない）
  * go up in the world は「出世する」,「有名になる」,「金持ちになる」。
- The manager will go up the wall when he hears that you've been late again.（また遅刻したってことが分かったら, 部長カンカンだぞ）
  * go up the wall は「激怒する」。「じれったくなる」,「気が狂いそうになる」,「イライラ, カリカリする」の意味も。次の例文も参照してください。
- We went up the wall waiting for you.（待てど暮らせどあんたがこないので, みんなイライラした）

10 その他の重要語句

come の章と同様に，ここでも独立の項目としては取り上げなかった go を含む語句をまとめて取り上げます。配列はアルファベット順です。

◇ go about

- The government is going about things the wrong way.（政府のやり方は間違っている）
- It's easy in this city to go about by bus.（この町はバスを使うと移動に便利だ）
- A nasty rumor about you is going about.（あなたに関する良からぬうわさが飛び交っているよ）
- … change the way people go about their daily lives（暮らしのやり方を変える）
- "How would you go about achieving the objective?"（「目的をどのようにして達成するつもりですか？」）
- Sons, daughters and dogs tagged after her as she went about the plantation.（彼女が農場を歩き回るあとを息子や，娘や犬がつきまとった）
- He had begged her not to go about alone but she had not listened to him.（ひとりでほっつき歩かないよう妻に言い聞かせたが，耳を貸さなかった）
- The question is how we should go about reforming our economic structure.（経済構造をどのように改革していくかが問題だ）

- Please go about your business. Pay no attention to us.（どうぞ仕事を続けてください。わたしたちのことはお構いなく）
- There is a lot of this flu going about these days.（最近，インフルエンザが大流行だ）

◇ go across
- It's so much safer to go across the road at the traffic lights.（道路の横断は信号のあるところで渡った方がずっと安全だ）
- We went across the Atlantic in just four hours.（わずか4時間で大西洋を渡った〔飛び越えた〕）
- People use the new bridge to go across to the island.（住民は新しくできた橋を使って島へ渡る）
- Your speech went across to the crowd all right.（あなたのスピーチはみんなちゃんと理解したよ）
- The politician went across to the opposition party.（その政治家は野党に寝返った）
  * この事例の go across to ... は「態度や意見を変える」。go over to ... にも同じ意味があります。

◇ go ahead
- If privatization goes ahead, the resulting joint stock corporations would be subject to much more stringent disclosure rules.（（もし特殊法人の）民営化が実現すれば，特殊法人は株式会社になり，一層の情報公開を迫られるだろう）
- The Israeli prime minister said nothing about when his government might go ahead with the pullout.（兵力撤退の開始時期について，イスラエルの首相は全く言及しなかった）
- The bank decided to go ahead with full write-offs, waiving its claims on jusen loans.（その銀行は住専に対する債権を放棄し，不良債権の全額償却を進めることを決めた）

10 その他の重要語句

- We should certainly go ahead with the project. （計画はなんとしても進めるべきだ）
- The company is wondering whether to go ahead with the investment. （投資を実行すべきかどうか，その会社は思案している）
- Seattle went ahead 4-2 in the sixth on doubles by Martinez and Fernandez. （シアトル（マリナーズ）はマルチネスとフェルナンデスの二塁打で6回に4対2と勝ち越した）
- "Go ahead." （(記者会見で質問のために手を挙げた記者に向かって)「はい，どうぞ（あなたの番です）」）

▶ go-ahead （名詞の例）

- The Ministry of Finance formally gave the go-ahead for six life insurance companies to establish casualty-insurance subsidiaries. （大蔵省（現在の財務省）は生命保険会社6社に対して，損保子会社設立を正式に認可した）

  ＊go-ahead は「開始の認可」，「ゴーサイン」。

- The final go-ahead should come from the central government.

Joke コーナー

In a small town a junk shop near a railway crossing displayed this sign: "Go ahead; take a chance. We'll buy the car."

とある小さな町の鉄道の踏み切りのそばのポンコツ屋に看板がかかっていた。

「それ行け。イチかバチかだ。クルマは買い取るぜ。」

＊「それ行け」は，踏み切りで一旦停止せずに「行ってみよう」。運悪く，列車とぶつかってメチャクチャになったら，ポンコツとして買い上げます。

Part 3 go

(最終的な認可権限は中央政府にある)

▶ go-ahead（形容詞の例）

- Higashide singled home the go-ahead run in the 11th inning, lifting the Hiroshima Carp to a 6-5 win over the Hanshin Tigers. (11回に東出が勝ち越しの決勝打を放ち，カープが6対5で阪神を退けた)

  ＊go-ahead は「勝ち越しの」の意味。

- Nomura scored the go-ahead run. (野村が勝ち越し点を挙げた)

◇ go along

- Things are going along quite nicely. (きわめて順調に進行している)

- I hope everything is going along well. (すべて順調に行くことを願っている)

- If you're going to the party, can I go along? (パーティーに行くんだったら，ついてってもいいですか？)

- We must persuade the opposition camp to go along. (野党陣営を説得して，合意を取りつけなければならない)

- Most of the workers were reluctant to go along with the merger. (労働者の大半は合併に反対だった)

  ＊go along with ... は「…に同意する，賛成する」。

  以下の3例も同様。

- They all went along with the income tax cut initiative. (所得税減税案は全会一致で可決された)

- Our allies will go along with us. (同盟国はわが国と行動を共にするであろう〔わが国の立場に同調するであろう〕)

- I go along with you on that matter. (その件についてはあなたの意見に賛成だ)

- smoking-related illnesses and economic burden that goes along

with them(喫煙関連の疾病とそれに伴う経済的負担〔損失〕）
＊このケースは「一緒に行く」，「関連する」。
- A splendid bookcase goes along with the complete encyclopedia —— if you pay cash.（百科事典を現金でお買い求めいただけると，すてきな書棚を差し上げます）
＊百科事典に書棚が「付いてくる」。

◇ go around; go round

- The quickest way to go around the city is by subway.（その都市をさっとひと巡りするのなら地下鉄が一番便利だ）
- The earth goes around the sun.（地球は太陽を周回する）
- I started going around with my future wife when I was 27.（家内とつき合い始めたのは27歳のときだった）
 ＊go around with は「一緒に出歩く」，「デートする」。
- The war talk started going around.（戦争が始まるのではとのうわさが広がってきた）
- He keeps going around telling lies about me.（あの男はわたしに関するウソを触れ回っている）
- There are a lot of colds going around the school.（学校で風邪がはやっている）
- There is enough soup to go around the whole family.（スープは家族全員に行き渡るだけ十分にある）
 ＊この go around は「分け合う，行き渡る」。次も同様です。
- There's not enough coffee to go around.（コーヒーは人数分に足りない）
- He went around the room, asking each man for his opinion.（彼は部屋をひと回りして，参加者全員から意見を聞いた）
- I try to go around the boss. He can be very difficult.（上司とのつき合いは避けるようにしている。とても難しい人なんですよ）
 ＊この go around は「…を避ける」。

Part 3　go

- People go around door-to-door, counting heads.（(国勢調査で) 調査員が各戸を回り，世帯構成員を数える）
- There were no rumors going around as yet about the company's financial situation.（その会社の財務状態に関するうわさはまだ広まっていなかった）
- It's love that makes the world go around.（世界を動かすのは愛だ）
  ＊どこかの歌の文句。

◇ **go away**
- Newspapers are not going away.（(いくらテレビやインターネットが普及しても) 新聞がなくなることはない）
- The Japan premium will not go away until the government presents the markets with a convincing scenario for restoring health to its banking system.（政府が日本の銀行システム再建のための納得いく処方せんを市場に示すまでは，いわゆるジャパン・プレミアム〔邦銀向け上乗せ金利〕がなくなることはないだろう）
- My cold has refused to go away.（カゼがまだ〔なかなか〕治らない〔しつこいカゼだ〕）
- He went away forever.（(戦争などで) 彼は二度と戻ってこなかっ

Joke コーナー

We went away on holiday for a week and it only rained twice: once for three days and once for four.

　１週間の休暇をとった。その間，雨にたたられたのは２回だけだった。１度目は３日間続き，２回目は４日連続の雨だった。
　＊何のことはない，休暇の間ずっと，雨にたたられていたことになります。

10 その他の重要語句

た〔行きっぱなしになってしまった〕)
- The police investigation isn't going away. (警察の捜査は終結したわけではない)
- Bribery and embezzlement charges have gone away. (贈賄と横領については起訴が取り下げられた)
- We went away for the summer. (避暑に出かけた)
- The story won't go away. (そのはなしが忘れ去られることはないだろう)
- This problem won't go away. (この問題に終わりはない)
- Plastics just cracks. It won't go away even if you break it. (プラスチックはひびが入ることはある。しかし，壊しても分解されることはない)

  ＊plastics は s をつけても，単数扱い。
- "I will be back after this. Don't go away." ((ラジオのアナウンサーが)「ここらでちょっと(スポンサーからの)お知らせを。このまましばらくお待ちください」)
- They [She and he] went away. (2 人は家出〔駆け落ち〕した)

  ＊言い換え→ She went away with him.

◇ go beyond

- The armed conflict between the two countries has gone beyond a regional dispute. (2 国間の軍事衝突はもはや地域紛争の域を越えている)
- "Our commitment already goes beyond paper and plans." (「公約はすでに実行されています」)

  ＊paper は「書類」，plans は「計画」。「政府の書類や計画段階をすでに越えた」→「実行されている，実現した」。
- "It went beyond an embarrassment," she said. (「困惑したなんてもんじゃなかったわ」と彼女は言った)

  ＊「困惑を越えた」→「困惑なんてものではなかった」ということ

Part 3 go

とです。
- "We should go beyond that."（「ここで満足することなく，さらに上を目指そう」）
- "We, as a corporate citizen, should sometimes go beyond the bottom line."（「企業市民として，採算を度外視してやらければならないこともある」）
    * bottom line は「企業の損益」，「収支」，「結果」。go beyond the bottom line を直訳すれば「損益を越える」→「採算を度外視する」，「損をしてでも」。
- We can't go beyond the bounds of technology and economics.（技術と財政面の制約を無視するわけにはいかない）
    * bound は「区域」，「限界」。
- The issue goes beyond the responsibility of the Health and Welfare Ministry alone.（問題の責任は厚生省だけにとどまるものではない）

◇ go by

- Not a week goes by without another act of terrorism.（テロ行為が1度もない週はないといってもよいほどだ）
    * ここの go by は「経過する」，「通り過ぎる」，「過ぎ去る」。
- He intends to hunt and fish, let the rest of the world go by.（狩りをし，魚を採り，世の中がどうなろうと気にしない，という暮らしをするつもりだ）
    * let the rest of the world go by →「自分の回りがどのように動いていようと気にしない」
- The limousine carrying the wounded President went by.（負傷した大統領を乗せたリムジンが通りすぎて行った）
- I had a good place to see the President go by.（場所がよかったので大統領〔大統領が通りすぎるの〕を間近で見ることができた）
- You can't afford to let any job go by when you've been out of

10 その他の重要語句

work for so long.（長い間，失業しているんだから，仕事の口があったら見逃さないようにね）

＊ let any job go by は「仕事の口が素通りするのを許す」。

・Years went swiftly by.（歳月が足早に過ぎ去っていった）

・"For myself, I go by his version."（「わたしとしては，彼のはなしを信じますね」）

＊ go by には「過ぎ去る」以外に，「信用する」，「…に従う」の意味もあります。his version とは，いろいろな人がいろいろなことを言うけれど，そのなかで「彼のはなし」を，ということ。次の2例も同様。

・You make a mistake if you go by appearances.（外見にだまされると〔外見だけで判断すると〕間違いを犯しますよ）

Joke コーナー

Everybody's talking about take-home pay. You know why you have to take it home? It's too little to go by itself!

手取りの給料を「家に持って帰る〔連れて帰る〕給料」って言うよね。なぜ連れて帰るかっていうと，余りにも少ない〔幼い〕ので一人では家へ帰れないんだ。

＊ take-home pay とは税金や社会保険料などを引いた手取り給与。take home を「手取りの」と「家に連れて帰る」，また，little を「(稼ぎが)少ない」と「(年齢が)幼い」の両方にかけています。

A friend of mine was afraid of flying. So he went by boat —— and a plane fell on it.

わたしの友人で飛行機の嫌いな男がいてね，船を利用したんだよ。そうしたら，その船の上に飛行機が墜落したんだ。

Part 3　go

＊go by appearances は「外見で判断する」,「外見を信用する」。
- Our chairman always goes by the rules.（わが社の会長はルール遵守を旨としている）
- The child thought that the toy car went by magic, but in fact it went by electricity.（おもちゃの自動車は魔法で動くものだと子どもは思っていたが，実際は電気が動力になっているのだ）

＊この go by は「…を手段として」の意。

◇ go far [fur]

- "My impression is that deregulation has not gone far enough."（「自由化〔規制緩和〕はまだ不十分だと思いますね」）
- "Can you go a little further still?"（「もう少し，詳しくはなしを聞かせていただけますか」）

＊go further は「もっと遠くへ行く」→「さらに詳しく話をする〔説明する〕」。

- I refused to go any further.（それ以上のはなし〔事情聴取〕は拒否した）
- Japan will raise its eligibility age for government pension benefits eventually to 65, and going further seems difficult.（日本は厚生年金の受給年齢を最終的には65歳に引き上げるが，それ以上の引き上げは無理だろう）
- His dream went no further than hopes of landing a job, anything at all.（なんでもよいから，仕事にありつきたい。それが彼の希望のすべてだった）

＊land a job は「仕事をみつける，職にありつく」。直訳すれば「彼の夢は仕事にありつくという希望を越えることはなかった」。

- "He's a reckless sort of fellow —— always has been. You've got to look after him and see he doesn't go too far."（「無茶をしでかすヤツなので，問題を起こさないよう面倒をみなければ」）

10 その他の重要語句

- "I did not go so far as to say to the president that the scandal-hit cabinet minister should quit."（「問題を起こした閣僚の辞任までは大統領に求めなかった」）
- I wouldn't go so far as to say that she is a liar, simply that she doesn't always tell the truth.（彼女がウソつきだなんて言いませんよ。必ずしも本当のことを話してないって言ってるだけです）
- That young man will go far.（あの若者は出世するよ〔頭角をあらわすよ〕）
- "The WTO agreement will go far toward leveling the playing field for our companies and our workers in China's markets."（(クリントン前米大統領の演説から)「WTOの合意により，米国企業や労働者が中国市場で競争する際に障害となってきた障壁が大きく取り除かれることになります〔…中国市場で公平に競争できる条件整備に向けて大きな前進となります〕」）
  * playing field は「運動場，競技場」。level はこの例文では動詞として使われており「平らにならす」。「競技場を平らにならす」ということは「同じ条件で競争できるようにする」。それに向けて go far は「大きく前進する」。それをつなげて，多少，意訳すると例示したような訳になります。WTO は World Trade Organization（世界貿易機関）の略。
- Even a reasonable income doesn't go very far these days, with the prices rising all the time.（物価上昇に歯止めがかからないので，そこそこの給与をもらっていても生活は楽ではない）
  * reasonable には「道理にかなっている」，「もっともだ」以外に，金額に関して「ほどほどの」，「そこそこの」の意味もあります。

◇ go for
- The winners will go for the gold tomorrow.（(準決勝の) 勝者はあすの決勝戦で金メダルを目指す。）

Part 3 go

- He went all out for the big money. （彼は一攫千金をねらった）
- More than 80% of Japanese traveling overseas go for sightseeing. （日本人海外旅行者のうち8割以上は観光目的だ）
- "I went to Sotheby's but the items I wanted went for fetched too high a price." （「サザビーのオークションに行ってみたが，お目当ての品はわたしの手には届かないところまで価格がせり上がってしまった」）
  * go for ... には「(価格が)いくらだ」の意味もあります。「ジーンズは4,900円だ。」→ Jeans go for 4,900 yen.
- He went for a long walk around the neighborhood. （彼は自宅の回りを散歩し，かなりの距離を歩いた）
  * go for a walk は「散歩する，散歩に出かける」。
  「彼は軽く散歩した。」→ He went out for a short walk.
- "Women fell for him very easily. Middle-aged or elderly were the ones he usually went for." （「彼にかかると女性はいちころなんだ。彼がねらいをつけたのは中高年の女性だった」）
- "I couldn't wait until she missed and I went for it." （(テニスなどの試合で)「相手のミスを待ってるわけにはいかなかったので，こちらから積極的に仕かけたんです」）
- The magazine goes for readers with higher education. （その雑誌は高学歴層を読者として想定している〔高学歴層を対象読者にしている〕）
- "I went for a perm yesterday." （「きのう，美容院でパーマをかけたの」）
- People don't seem to go for this kind of film. （この手の映画が受けるとは思えないね）
- We must go for a doctor. （医者を呼ぼう）

go for のイディオムを紹介します。
- I went for broke and bet everything on the horses. （有り金をは

たいて馬券を買った）

＊ go for broke は「有り金をすべて…に賭ける」。
- All our efforts went for nothing. （努力はすべて水泡に帰した〔ムダになった，何の役にも立たなかった〕）

＊ go for nothing は「ムダになる」。「ただ同然」の意味も。次の例文をご覧ください。
- The jewelry just went for nothing. （宝石は二束三文で処分された〔ただ同然で売られた〕）

◇ go forward

- The gold mine project will not go forward. （金鉱開発計画は中断だ）

＊ will go forward であれば「予定通り進める」。
- "There is no looking back. Let's go forward." （「振り返ってもしょうがない。前進あるのみだ」）
- Japan will also benefit by going forward with efforts to increase outside [overseas] investment. （対外投資を増やす努力を推進することは日本にとってもプラスになろう）
- Protecting kids from illegal tobacco sales is workable, and the effort to do so should go forward. （こどもたちをタバコの違法販売から守ることは可能であり，そのための努力は推進すべきです）
- We go forward together, leaving no one behind. （共に前進しよう。取り残される人がひとりでもいてはいけない）
- We will go forward with our plans. （計画を推進しよう）

◇ go from

- Everyone has gone from her. （みんなが彼女の元を去っていった〔彼女ひとりがあとに残された〕）
- The consumption tax went from 3% to 5%. （消費税は3％から5％に引き上げられた）

Part 3 go

- I'm afraid that things are going from bad to worse.（事態はさらに悪化しそうだ）
- Nothing is smooth here. Things go from one extreme to another.（当地ではすべてが流動的だ。事態は極端から極端へ揺れ動いている）
- It was a demotion to go from the security adviser's post to the number-two slot at the State Department.（安全保障問題担当顧問から国務省ナンバー2への異動は降格人事だった）
- The company's sales went from 100 billion yen in 2000 to 150 billion yen in 2001.（同社の2001年の売り上げは1,500億円で，前年比50％増だった）
  ＊2000年は1,000億円だったので「50％増」と訳すこともできるわけです。
- Her face went from crimson to white.（彼の表情は（怒りによる）紅潮からそう白に変わった）

◇ **go off**
- The smoke alarm went off.（煙検知器が作動した）
- A powerful explosive device went off at the airport.（強力な爆発物が空港で爆発した）
- The fireworks all went off as scheduled.（花火はすべて予定通り打ち上がった）
- A coup went off.（クーデターが発生した〔起きた〕）
- His vibrating cell phone silently went off.（彼の振動機能付き携帯電話が音もなく着信を知らせた）
- He went off and I didn't hear from him for weeks.（彼はいずこかへ立ち去ったかと思うと，何週間も消息不明になった）
- The carriage went off swiftly.（馬車はすばやく立ち去った）
- I'm going off on a trip.（旅に出るとするか）
- The party went off as scheduled.（パーティーは予定通り開かれ

10 その他の重要語句

た)

＊ここでは「起こる」,「実施する」という意味。

- There's never one that goes off perfectly. (完璧にやり遂げる人なんか一人もいないさ)

 ＊go off は「予想通りことが運ぶ」。

- She went off into unconsciousness. (彼女は意識を失った)
- The power went off. (停電になった)
- Lights came on, then went off. (明かりがついて，すぐに消えた)
- The light on the camera went off. (カメラのフラッシュがたかれた)
- The show went off the air at 9:30 p.m. (テレビのショー番組は午後9時半に終わった)
- "I'll take these letters. They ought to go off." (「この手紙を投函

Joke コーナー

"Did you ever run for office?"

"Yes. I did yesterday morning when my alarm clock failed to go off."

「走って会社へ行つたことがありますか？」

「はい。きのうのことですが，目覚まし時計が鳴らなかったので（寝坊し），走って会社へ行きました。」

 ＊この日本語訳ではジョークになりません。キーは run for office で，これは「公職へ立候補する」ことを意味します。市会議員でも，市長の職でも構いません。ところが，相手の人はこれを「職場へ走っていく」と勘違いしました。その理由として目覚まし時計が鳴らなかったので寝坊して，というオチまでついています。「職場へ走っていく」であれば run *to the* office となります。

Part 3 go

してくるわ」)
　＊手紙が「出かける」→「発送する」,「投函する」。
- She told him to mind his own business, so he went off mad. (彼女に余計なお世話だと言われて, 彼はかっとなった)
- His first idea was that the old lady had gone off her head. (最初, 老婦人は頭がおかしくなったのだろうと, 彼は思った)
　＊go off one's head [nut, rocker]は「気が狂う, 頭がおかしくなる」。
- I have to go off and think about this. (ひとりになって (ゆっくり) 考えてみたい)

go off のイディオムには以下のようなケースがあります。
- Please don't go off half-cocked. Listen to the rest of the report. (まだ途中です。報告を最後まで聞いてください)
　＊go off half-cocked [go off at half-cock]は「…を早まる」。ここでは, まだ報告が終わっていないので, 帰らないでください, の意味。
- He went off into the army. (彼は陸軍に入隊した)
- The old man went off into loud laughter. (老人は大声を立てて笑った)
- Just as we started talking at the meeting, Kazushige went off on a tangent about the poor performance of the Tokyo Giants. (会議を始めようとした矢先に, 一茂のやつが本題とは無関係のジャイアンツの不甲斐ない戦いぶりについて突然, 話題をそらした)
　＊go off on [at] a tangent は「突然, わき道へそれる」,「脱線する」,「本題からそれる」。 tangent は, 数学の「タンジェント」。
- He has a habit of going off the deep end about almost everything. (あの男はどんなことにでものめり込む傾向がある)
　＊go off the deep end は「のめり込む」,「夢中になる」,「深入

10 その他の重要語句

りする」。
- Keiko has gone off the rails, and is seeing a young man behind her husband's back. (ケイコはご主人に隠れて，若い男とつき合っている)
  * go off the rails は「社会やモラルに反して行動する」。文字通り「脱線する」の意味もあります。
- The boy's mother has gone off with some other man, while his father was serving a prison sentence. (あの子の父親が刑務所に入ってる間に，母親に男ができて，駆け落ちした)
- I almost went off my head. (気が狂わんばかりだった)
- This station is now going off the air until tomorrow morning. (これで本日の放送は終了いたします。明朝，またお会いしましょう)
  * go off the air は「放送を終わる」。on the air は「放送中」。

◇ go over
- There's a couple things I'd like to go over in this file. (このファイルの記載事項でちょっと調べたいことがある)
- I just have to go over the details of the will. (遺書の内容を詳しく調べたいんだ〔検討したいんだ〕)
- I went over the property thoroughly. (その物件を徹底的に調べあげた)
- A woman police officer went over the girl from head to toe. (女刑事はその女性の頭のてっぺんからつま先までくまなく検査した)
- They went over potential questions which may come up at a press conference. (記者会見で出てきそうな質問事項をチェックした)
- "I know it must be very painful to you all to have to go over the whole thing again."(「事件のことをいちから思い出さなければならないのはみなさんにとってとても苦痛だということは承知しております」)

Part 3 go

＊ここでは「繰り返す」。次の例文は「復習する」。
- I went over the vocabulary before the French test.（フランス語のテストを控えて語彙を復習した）
- "I spotted him going over the fence, headed for the parking lot."（「彼がフェンスを乗り越えて，駐車場の方へ向かって行くを見つけた」）
- He went over to the rebel [enemy] side.（彼は反乱軍〔敵〕の側に回った）

 ＊go over to は「裏切る」，「改宗する」，「寝返る」。
- A malicious smile went over his face.（彼は悪意をこめて笑った〔悪意のこもった笑顔が彼の顔を覆った〕）
- Your spending should not go over your income.（支出は収入の範囲内にしておきなさい）

 ＊「…を超える，オーバーする」。go over the limit of one's allowance →「使い過ぎて小遣いが不足する」，「小遣いの限度を超える」。
- Anger went over her like a flame.（怒りが炎となって彼女を襲った）
- The party went over very well.（パーティーは大好評だった）

 ＊go over は「好評を博す」，「うまく行く」，「成功する」。
 Your speech went over very well.→「きみのスピーチはとても受けたよ」。
 演劇や映画の興行についても使います。
- He went over to it and picked up the receiver.（彼は（電話のところへ行って）受話器を取り上げた）

 ＊これは「移動する」。

次に go over のイディオムをみておきましょう。
- I don't want to go over your head, but I will if necessary.（あなたの頭越しにやるつもりはありませんが，必要とあらばやむを得ま

203

10　その他の重要語句

せん)

* go over someone's head は「頭越しに相談する，話をする」。次の例も参照。

・My boss wouldn't listen to my complaint, so I went over his head [went above him].（(直属の) 上司はわたしの苦情を聞こうとしないので，話を上へ持っていった）

・He went over the top and accepted the offer of a job in Russia.（ロシアに働き口があると言われて，彼は大胆にも OK した）

* go over the top は「大胆に行動する」，「ムチャをする」，「大げさに振る舞う」。

・The guys who went over the hill got caught a day later.（脱走兵は明くる日に捕まった）

* go over the hill は「軍隊暮しを逃げ出す」。

・He went over the wall and was free for a week.（彼は脱獄に成功したが，自由の身はわずか1週間だった）

* go over the wall は「刑務所から逃げ出す」，「脱獄する」。僧侶や尼僧が僧籍を離れて「還俗する」の意味もあります。

Joke コーナー

"I told my boss that I went to church and prayed for a raise. He told me never to go over his head again!"

「教会へ行って賃上げをお祈りしたって上司に話したんですよ。そうしたら，「"オレの頭越しに二度とそんなことはするな" って怒られました。」

* go over (one's) head は「(だれかの) 頭越しに行く」。直属の上司である課長を飛び越えて，その上の部長と直談判するようなケースを指します。神様〔キリスト〕を自分の上司だと考えているところがこのジョークのポイント。

- The minister left the Church of England and went over to Rome.（その牧師は英国国教会からカトリックに改宗した）
  * go over to ... は「…宗教や，政治思想を変える」，「(ライバル会社へ)移籍する」。Rome は地名としての「ローマ」ではなく，ローマ(バチカン)に本拠を置く「ローマカトリック教 Roman Catholicism」を指します。go over to the opposition party は「野党にくら替えする」。

次の例も参照して下さい。
- You'd better go over to another instrument, you are clearly not suited to the piano.（ピアノはあなた向きではないから，何か別の楽器にしたらどうですか）
  * go over to a vegetarian diet は「菜食に切り換える」。

◇ go together
- She and I began going together when I was 26.（彼女と付き合いはじめたのはわたしが26歳のときだ）
- I don't think we should go together anymore.（お付き合いはこれ限りにいたしましょう）
- I don't want to go to the film on my own; shall we go together?（ひとりで映画をみてもおもしろくないから，一緒に行きませんか？）
- Red wine and cheese go together in general.（赤ワインとチーズは相性のよいことが多い）
  * in general は「一般的に」→「…することが多い」。
- Speed and efficiency do not always go together.（速さと効率は必ずしも両立しない）
  * 「スピードを上げれば，効率が落ちることもある」の意。
- Dirt and disease usually go together.（不潔な環境と病気は関係が深い）

10 その他の重要語句

◇ go toward(s)

- Many things go towards making an identification; voice, the shape of the head, the manner in which a person walks. (ある人物を特定するものはいろいろある。声、頭の形、歩き方などである)
- The money is to go towards repaying debts of the former state-run railway company. ((NTT株の売却で得た)資金は旧国鉄の債務返済に充てられる)

  * go to でも同じ意味。

- The money went towards a new ambulance for the hospital. (寄付金で病院の救急車を購入した)
- The dog went towards the cat and the cat ran away. (イヌがネコに近寄ったら、ネコは逃げた)
- Go towards the church, then turn right just before you get there. (教会の方角へ向かって行って、そのすぐ手前で右折してください)

◇ go under

- The Chinese premier promised to pursue the country's reform policy by forcing state firms to show a profit or go under. (中国の首相は改革路線の推進を約束した。赤字の国営企業は倒産もやむなしとの考えだ)

  * go を使った「倒産する」の表現は137-138, 147, 184ページをご覧ください。中国の「首相」の英文表記は Premier, 日本は Prime Minis-ter, ドイツの首相は Chancellor です。

- The bank went under, but all of its deposits would be protected. (その銀行は破たんしたが、預金は全額保護される)
- We tried hard to keep our restaurant from going under. (自分たちの経営するレストランがつぶれないよう懸命に努力した)
- The housing development project went under. (住宅開発計画は破たんした〔とん挫した〕)

- After capsizing, the ship went under very slowly.（船は転覆し，ゆっくりと沈没した）
  * ここでは「沈没する」。
- Don't start the operation till you're sure she's gone under.（麻酔が効いて，彼女の意識がなくなったのを確認してから手術開始だ）
  * ここでは，麻酔や薬物などで「意識を失う」。
- The murder suspect went under the name of Takahashi to avoid discovery by the police.（警察に身元が発覚するのを恐れて，殺人容疑者は「高橋」の偽名を使っていた）
  * 「…という名前で通す」。
- The boat went under us as we stood on the bridge.（橋の上にいたら，その下を船が通過した）

次は go under のイディオムです。
- We must do everything we can to prevent the farm going under the hammer.（農場が競売にかけられるのを防ぐために最善を尽くす）
  * go under the hammer は「競売にかける」。come under the hammer も同じ意味。hammer は「競売人が使う小づち」。
- I went under the knife last year for my lung cancer.（昨年，肺がんの手術を受けた）
  * go under the knife は「手術を受ける」。knife は手術に使用する「メス」。メスはオランダ語の mes から。

◇ **go the way**
- The conversation did not go the way she wanted it.（会話は彼女の思い通りには進まなかった）
- APS seems unlikely to go the way of the Kodak Disc camera, rolled out in 1982 and pulled back six years later after bombing with consumers and processors.（APS カメラは，1982年に発売さ

れたものの利用者やラボの評判が悪く6年後には生産中止となったコダック社のディスク・カメラと同じ運命をたどることはなさそうだ）

＊ bomb には「爆弾を投げつける」の意味もありますが，このケースは「失敗する」。 bomb with ... は「…に受け入れられない，拒絶される」。

- Ten years ago, it seemed the record player was doomed to go the way of the eight-track tape player. （10年前には，レコード・プレーヤーも8トラックのテープ・プレーヤーと同じ運命をたどるものと思われていた）

◇ go well

- This wine goes well with roast beef. （このワインはローストビートによく合います）
- The dinner went well. It was a princely feast. （楽しい夕食で，料理も最高でした）

  ＊ princely は「豪勢な」。

- There was every reason to believe that everything would go well. （これっぱかしの失敗もあり得ない万全の体制だと思いました）
- "Everything was going well until ... " （「すべて順調にいってたんです。ところが…」）
- My work is going very well at the moment, thank you. （おかげさまで，目下のところ，仕事はきわめて順調です）

◇ go with

- "I know one has to go with the times." （「時代に合わせなければ，ということは承知している」）
- "My recommendation would be to go with the initial plan." （「当初の計画通り実行する，というのが私の考えです」）
- Things are going very well with the project. （プロジェクトはきわめて順調に進行しています）

Part 3　go

- Economic reform brings new goods and the foreign concepts that go with them.（経済改革により新たな物品が輸入され，それに付随して外国の考え方も入ってくる）
- The coat doesn't go with the shoes. The hair doesn't go with the nails.（コートと靴は合ってないし，ヘアースタイルとつめもマッチしていない）
- The prune goes well with other foods and is easy to process.（プルーンはほかの食物との相性もよいし，加工しやすいのも利点だ）
- Avoid having your ego so close to your position that when your position falls, your ego goes with it.（会社内での地位と個人的プライドは切り離しておいた方がよい。さもないと，降格されると自尊心も失うことになる）
- Money does not always go with happiness.（お金があるから幸せということには必ずしもならない）
- Responsibility goes with becoming a father.（父親ともなればそれなりの責任を伴う）
- If Japan fights, I'll go with her.（日本が戦争になれば，わたしも運命をともにしよう〔ともに戦おう〕）
- The Air Force should go with the larger MX missile.（（爆撃に際して）空軍機は大型のMXミサイルを搭載すべきだ）
- "How are you going with her?"（「彼女とはうまくいってるかい」）。
  ＊She has been going with him for two years. は「二人は2年越しの付き合いだ。」
- As scientists, we go with the data.（科学者としては，（客観的な）そのデータに従います〔データを受け入れます，尊重します〕）
- Boeing's role in such a venture (move into the 90- to 110-seat airplane market) "depends on how and who we go with," the spokesman said.（ボーイング社が（90人から110人乗り程度の航空機を製造するかどうかは）「技術的な問題と提携相手次第である」とスポークスマンは語った）

10　その他の重要語句

　　＊ who we go with は「われわれがだれと一緒に行くか」→「われわれがどこと提携するか」で，一言でいえば「提携先」。
・"I think we go with a different expectation. We didn't go to college with the expectation of making the NFL. We went there as a vehicle for an education."（「大学に期待するものが違うんです。われわれが大学に進学したのは NFL の選手になるためではなく，教育の機会と考えてのことです」）
　　＊ NFL は National Football League（全米フットボール連盟）の略。go with a different expectation は「異なった期待を持っ

Joke コーナー

"That's a pretty loud suit, isn't it?"
"Yes, but I've got a muffler to go with it."
「かなり派手な〔音の大きい〕スーツだね。」
「まあな。でもマフラー付きだから（騒音は抑えてあるよ）。」
　＊ loud には「（音が）大きい，騒々しい」のほかに，「（衣服や模様が）けばけばしい，派手だ」の意味もあります。マフラーを「えりまき」と「（自動車などに取り付ける）消音装置」のふたつにかけています。

"What do you think would go well with these new purple, yellow and green socks?"
"Thigh-length boots."
「紫，黄，緑を配色したソックスを買ったんだけど，何が似合うかしら？」
「太ももまであるブーツにしたら。」
　＊よくまあそんなソックスを買うね。太ももまである長いブーツをはいてソックスが見えないようにした方がましだよ。

ていく」→「期待するものが異なる」。make the NFL は「NFL に入る」,「NFL の選手になる」。
- I do not always go with my wife. (女房と意見が合わないこともある)

次は go with のイディオムです。
- He has no idea of his own on any matter of importance; he just goes with the tide. (彼には重要問題についての独自の考えはない。ただ, 大勢に従うだけだ)
    * go with the tide [times, flow]は「世の中の流れや多数派の考えに従う」。反対は go against the tide [times]。
- I never fight the trend. I just go with the flow. (世の中の流れにさおさすことはしない。ただ, 流れに身をまかせるだけだ)

◇ go without
- We went three days without electricity [power]. (3 日間停電だった〔停電は 3 日続いた〕)
    * electricity を food に代えれば「3 日間何も食べていない, 3 日間メシ抜きだ」。
- How many kids go without basic education in developing countries? (発展途上国では, 基礎教育すら受けていないこどもたちがどれほどいますか)
    * 「基礎教育」とは昔の「読み, 書き, そろばん」でしょう。英語では reading, (w)riting, (a)rithmetic で three R's と言います。
- I'll go without lunch today. (きょうは昼メシ抜きだ)

イディオムをみておきましょう。
- When you visit Tokyo you will stay with us —— that goes without saying. (東京にお越しの節はわが家にお泊まりください。

10 その他の重要語句

ご承知のこととは思いますが,念のため)

* it [that] goes without saying は「言うまでもない」,「自明のことだ」,「当然だ」。

- It goes without saying that you are the best in the class when it comes to math. (数学ではあなたがクラスで一番だということはだれでも知っている)

◇ go wrong

- Things are going wrong everywhere. (何をやってもうまく行かない〔することなすこと,すべてアカン〕)
- Things would go wrong if left to the public sector. (民間にやらせないと,うまく行かんぞ)
- He is one of those who are born to go wrong. (生まれついての悪っていうのがいるだろう。彼もそのひとりだ)
- "When I grew up, things seemed always to go wrong. To begin with, I suppose, it was the war." (「大人になってからは不幸の連続だった。そのはじまりが戦争だ」)
- Things went wrong and he couldn't face it, and he shot himself. ((中小企業の経営者について)事業に失敗したのを苦にして,(わたしの夫は)ピストルで自殺しました)
- There are kids who go wrong because they've had an unhappy home and essentially feel unloved. (家庭が楽しくないとか両親の愛情に飢えていたといった理由で非行に走るこどももいます)
- "I know that there are many things that can go wrong. But we are able to use that experience as a model, and that helps." (「多くの問題が発生する可能性があります。そうなったら,あの時の経験を参考にし,問題解決に役立てます」)
- He and Mary had started (marriage) life happy and independent —— and then things had begun to go wrong. (彼とメアリーははじめは幸せな,経済的にも独立した結婚生活だった。でも,しば

らくすると，問題がいろいろ持ち上がってきた）
- If anything ever —— goes wrong in your life —— I think the happiest thing for you would be to go back to where you were happy as a child.（人生で何かにつまづいたら，幸せだったこどもの時代を思い出すのが一番じゃないでしょうか）
- Utility officials plan to meet tomorrow to talk about what

Joke コーナー

"Tell me, why do doctors wear those masks at operations?"

"That's if something goes wrong, nobody can identify them."

「手術のとき，医者はなんでマスクをするんだろう。」

「それはね，もし手術が失敗しても，だれがやったか分からないようにするためさ。」

Traffic warden: "You're going the wrong way on a one-way street, sir, and you don't have your lights on."

Confused motorist: "I'm sorry, Officer. I'm a professor at the college nearby."

Traffic warden: "Ignorance is no excuse."

交通監視官：「ここは一方通行ですよ。それに，ヘッドライトもついてません。」

運転者：「申し訳ありません。すぐ近くの大学で教授をしておりまして。」

交通監視官：「無知は言いわけになりません。」

＊大学の先生と聞いて，すかさず「無知」と決めつけるところがおもしろい。これは英国のジョーク本からの引用。

went wrong technically.（(大規模停電事故の関連で) 電力会社では，事故原因の技術的側面についてあす協議する）
- Our washing machine went wrong again.（うちの洗濯機がまた故障した）
- We must have gone wrong somewhere, we should have reached the destination by now.（どこかで道を間違えたようだ。そうでなければ，とうに目的地に着いているはずだから）

Part 4

練習問題

come 編

go 編

以下に come 編と go 編の練習問題があります。各例文のカッコの中に，そのページの冒頭に示した，語・語句群の中から選んで入れてください。

解答は文脈によって，三単現の s がついたり，過去形，過去分詞形，ing 形に変化することがあります。

Part 4　練習問題

1 come 編

1 come by, come down, come from, come in, come into, come to

(1) この女について，なにかもっと情報は？　たとえば，出身地とか？
Have you found out something more about this woman? About where she (　　)?

(2) 15％の所得税が10％に引き下げられたのをはじめ，すべての税率が低下します。つまり，すべての国民の手取り収入が増えることになります。
The 15% income tax rate has been lowered to 10%, and all rates will (　　) meaning all people's paychecks will go up.
＊paychecks will go up を文字通り訳せば「給与が上がる」となりますが，給与そのものが上がるのではなく，減税の影響で「手取り収入が増える」ということです。

(3) サウジアラビアの要請がなければ，（軍事）介入しないことを米国は明言している。
The U. S. has made it clear that it will (　　) only if Saudi Arabia wants.

(4) こどもたちが被害を受けないよう万全を期そう。
We have to make sure that no harm will (　　) the children.

(5) 彼女の黒い瞳を見て，関心のあることが分かった。
A look of interest (　　) her black eyes.

(6) 会社へちょっと寄ってもいいですか。
Would you mind if I (　　) your office?

解答：(1) came from, (2) come down, (3) come in, (4) come to, (5) came into, (6) came by

2 come from, come into, come off, come out of, come with

(1) 議会で超党派の支持を得た法案に対し大統領は拒否権を発動できない。

The President cannot veto a bill that (　) Congress with bipartisan support.

(2) 彼女はリングを外して、バスケットの中に投げ入れた。

The ring (　) and she threw it into the basket.

(3) 米国のミサイル防衛計画がABM条約に抵触するのは間違いない。

The U. S. missile defense program is bound to (　) conflict with the ABM Treaty.

＊ABMはAntiballistic Missile（弾道弾迎撃ミサイル）の頭文字。is bound to ... は「きっと…する」。

(4) 機関投資家による新規の債券買いが見込まれる。

Fresh buying of bonds is expected to (　) institutional investors.

(5) これは「思いやりのある保守主義」の国際版とも言うべきもので、自由と（経済的）繁栄（を享受している国の）責任です。

This is compassionate conservatism at an international level, and it is the responsibility that (　) freedom and prosperity.

＊compassionate conservatism「思いやりのある保守主義」はブッシュ大統領が2000年の大統領選で掲げたスローガン。例文は米国が発展途上国への教育援助を増額するとの方針を明らかにしたスピーチから引用。the responsibility that (　) freedom and prosperity を直訳すれば「自由と繁栄に伴う責任」

解答：(1) comes out of, (2) came off, (3) come into, (4) come from, (5) comes with

Part 4　練習問題

3 come, come back, come down, come from, come into, come to, come up

(1) 厳しい時代の到来だ。
　　Hard times are (　　).
(2) その推理小説はバレンタイン社から出版される。
　　The whodunit is (　　) Valentine Books.
　＊whodun(n)it は Who done it?（だれがやった〔殺した？〕）の略で「推理小説」。
(3) ある産業や企業が成長するか，消滅するかは消費者によって決まるものではなく，経営者や労働者によって左右されるものだ。
　　The success or failure of an industry or corporation is determined by its entrepreneurs and workers, before the consumer even (　　) the picture.
(4) その問題はあす上院で取り上げられよう。
　　The issue will (　　) in the Senate tomorrow.
(5) その国の経済危機はまさに頂点〔沸点〕に達した。
　　The country's economic crisis (　　) a [the] boil.
(6) （停電だった）電気が復旧した。
　　The power (　　) on.
(7) 天然ガスの価格は下がっています。ガソリンの価格も下落しています。
　　The price of natural gas is (　　). The price of gosoline is going down.
　＊この例文からも分かるように，価格が「下落する，下がる」は come down, go down のいずれも使えます。ただし，価格が「上昇する，上がる」は go up で，come up とは言いません。

解答：(1) coming, (2) coming from, (3) comes into, (4) come up, (5) came to, (6) came back, (7) coming down

4 come, come from, come in, come into, come out, come out of, come to, come up

(1) 店から出てきたら，財布がなくなっていたんです。
　　When I (　) the store my purse was gone.
(2) (靴の供給量が) 増加したのは低価格の輸入品が増えたためだ。
　　The increase (　) low-priced imports.
　　＊importは「輸入」。複数形のimportsで「輸入品，輸入額」。
(3) その製品は去年の10月，25,000円で発売された。
　　The product (　) on the market for 25,000 yen last October.
(4) 「捜査の過程でちょっと気になることが出てきたんで，調べてるところです。」
　　"We are just trying to check out a little detail that has (　) in the course of an investigation."
(5) そのファッションがはやりだした。
　　The fashion (　) vogue.
(6) そのチャンネルは放送衛星から発信されている。
　　The channel (　) from the broadcasting satellite.
(7) 彼女は泣きそうになったが，涙は出てこなかった。
　　She was prepared to cry but no tears (　).
(8) 彼の家系にはなにか悪い血が流れてるんですよ。こちらの血筋ではありません。
　　There's a bad streak in his family. It didn't (　) our side.
(8) 文句なしの試合だった。
　　We've (　) the end of a perfect game.

解答：(1) came out of, (2) came from, (3) came out, (4) come up, (5) came into, (6) comes in, (7) came, (8) come from, (9) come to

5 come, come in, come into, come out, come out of, come up with

(1) 驚かれる人もいるかと思いますが，エネルギー計画を策定しようという政権はこれまでありませんでした。
　It (　) as a surprise to some that ours is the first administration who's willing to develop an energy plan.

(2) 欧州諸国は日本に対し，京都議定書を来年発効させるために，米国抜きでも批准するよう求めている。
　Europe is pressing Japan to ratify the Kyoto Protocol regardless of the U. S. position so that it could (　) force [effect] by next year.

(3) 10代の若者による暴力事件に反対する運動が実りあるものとなることを期待しています。
　I hope much will (　) this whole movement against teen violence.

(4) 日本人の食生活が変化したのを受けて，レストランのチェーン店は新しいメニューをいろいろ考えている。
　A general shift in dietary habits is sending restaurant chains scurrying to (　) new menus.

(5) 「これが知られてはヤバイと思ってヤツを処分したんだが，いずれ，ばれるさ。」
　"We killed him to keep this from (　) . But I guess it's (　) anyway."

(6) （NATO加盟諸国はコソボに）同時に派兵したのだから，撤退するときも共同歩調をとる。
　We (　) together, and we will go out together.

解答：(1) comes, (2) come into, (3) come out of, (4) come up with, (5) coming out; coming out, (6) came in

6 come, come back, come from, come in, come into, come out, come out of, come through, come up, come up with

(1) 戦争になれば，その様子は即座にテレビに映し出されよう。
　　If war (　　), it would be on television instantly.
(2) 爆撃現場の写真が入電した。
　　Photos from the scene of the bombing (　　).
(3) ウィルスの感染経路についてはどう思う？
　　Where did the virus (　　), do you think?
(4) 彼を家族の一員として認知した〔…受け入れた〕。
　　We approved of him (　　) our family.
(5) 議会を通過した法案はことしは多いとはいえないが，この法案はぜひ可決してほしいと思う。
　　We haven't had a lot of bills (　　) Congress this year, but I hope very much that they will pass this.
(6) 彼がことし復帰できるかどうか，わたしは疑問を感じていた。
　　I had question marks about him (　　) this year.
(7) 景気低迷や不況に強い企業
　　companies that are likely to (　　) a downturn or recession
(8) 低コストの太陽熱発電装置を開発する
　　(　　) a cost-effective solar battery system
(9) 日本の首相はその問題を取り上げなかった〔日本の首相から問題提起はなかった〕。
　　That topic did not (　　) from the Japanese prime minister.
(10) 新事実が明るみに出た。
　　New facts (　　).

解答：(1) came, (2) came in, (3) come from, (4) coming into, (5) coming out of, (6) coming back, (7) come through, (8) come up with, (9) come up, (10) came out

7 come, come back, come from, come in, come to, come out of

(1) 夢は実現した〔夢がかなった〕。
　　The dream (　　) true.
(2) 売り上げの約80％はグループ企業との取引だ。
　　About 80% of our sales (　　) business with group companies [firms].
(3) 73年のオイルショック以来，自動車メーカーは燃費を飛躍的に向上させた試作車を発表してきたが，いずれも大量生産できるようなものではなかった。
　　Ever since the first oil price shock of 1973 automobile manufacturers have been showing off concept cars with dramatically improved fuel efficiency. But no prototype has (　　) anywhere near mass production.
(4) カープは5点差を引っ繰り返してジャイアンツに逆転勝ちした。
　　The Hiroshima Carp (　　) five runs behind to beat the Tokyo Giants.
　　＊「逆転勝ち」は a come-from-behind victory。
(5) 彼は自分だけの世界にひたっていることが多く，現実の世界に戻ってくるのはいやでしょうがなかった。
　　He moved in an inner world most of the time and (　　) to a reality with reluctance.
(6) 注文が入り始めた。
　　Orders started (　　).
(7) 彼が救助に駆けつけてくれた。
　　He (　　) my rescue.
(8) 「あそこでは，何が起きても不思議ではない」。
　　"Anything might (　　) there."

解答：(1) came, (2) come from, (3) come, (4) came from, (5) came back, (6) coming in, (7) came to, (8) come out of

8 come, come back, come from, come in, come out, come to, come up, come up with, come with

(1) 年金のための掛け金はすべて年金支払いのために使うべきだ。
  Every penny of money that ( ) for the pension program should be earmarked to the pension program.

(2) （ブッシュ）大統領は幹細胞の研究がもたらす大きな成果について十分認識しています。
  The President is well aware of the powerful research that can ( ) stem cells.

(3) 彼の突然の死の知らせを聞いて，わたしは深い悲しみに打たれた。（深い悲しみがほとばしり出た）。
  My grief ( ) as I listened to news reports of his sudden death.

(4) ヤツはオレから何度もカネをせびろうとした。
  He ( ) me for money again and again.

(5) さあ，打席にはイチローを迎えます。
  Now, Ichiro is ( ) to bat.

(6) カメラにはニッケルカドミウムの二次電池が付いている。
  The camera ( ) a rechargeable nickel-cadmium battery.

(7) 彼女が落ち着きを取り戻しのは，目を見れば分かった。
  Tranquility ( ) into her eyes.

(8) 対策本部は新エネルギー政策を打ち出した。
  The task force has ( ) new energy policies.

(9) 悪い知らせはこれで終わりではなかった。
  More bad news did ( ).

解答：(1) comes in, (2) come from, (3) came out, (4) came to, (5) coming up, (6) comes with, (7) came back, (8) come up with, (9) come

9 come, come and go, come back, come from, come in, come out, come to, come together, come under

(1) その企業は米国の保険会社の傘下に入った。
　　The company (　　) the control of a U. S. insurance firm.
(2) （米国では）文化事業，活動費の大半は民間に依存している。
　　The vast majority of cultural funding in this country (　　) the private sector.
(3) ２日後に，彼が死んだとの知らせが届いた。
　　Two days later, word (　　) that he died.
(4) その問題についてもう一度ちょっとお聞きしたいのですが。
　　Could I just (　　) to that for a second?
(5) 人口1,000人当たりの結婚件数，つまり，結婚率は6.4だ。
　　The marriage rate, which represents the number of marriages per 1, 000 population, (　　) 6.4.
(6) その自民党の派閥が，３党連立政権支持の立場を鮮明にしたのはつい最近のことだ。
　　The LDP faction has just recently (　　) in support of the tripartite coalition.
　　＊LDP は Liberal Democratic Party（自民党）の頭文字。
(7) この２つの殺人事件は関連性がいったいあるんでしょうか？
　　Would those two murder cases ever (　　)?
(8) 警察の捜査員が次から次へとくるが，何も教えてくれない。
　　The police (　　) but don't tell us anything.
(9) 小型ハムスターの毛色はいろいろで，性格はとてもおとなしい。
　　Dwarf hamsters (　　) various colors and are very gentle.

解答： (1) came under, (2) comes from, (3) came, (4) come back, (5) comes to, (6) come out, (7) come together, (8) come and go, (9) come in

10 come, come back, come from, come out, come to, come under, come up with

(1) われわれは最善を尽くしたが，骨折り損に終わった。
　　We did our best, but the efforts (　) nothing.
(2) 真実は法廷で明らかにされよう。
　　The truth will (　) at trial.
(3) もちろん，彼女のことはよく存じております。同郷ですから。
　　Of course I know all about her. She (　) my part of the country.
(4) 地球温暖化の問題を研究し，解決策を策定するための作業部会が設置された。
　　A working group was set up to study the problem of global warming and to (　) solutions for it.
(5) 彼はゆっくりとしゃべった。
　　His words (　) slowly.
(6) 最初のこどもを産んでから1年半しかたっていないのに，彼女は世界新記録を樹立した。
　　The new world record (　) just 18 months after the birth of her first child.
(7) 長年の終身雇用制度が弱体化し，企業がパート従業員の採用を増やすに連れ，労働者の権利はますます制約を受けよう。
　　As the traditional lifetime employment system weakens and companies take on more part-time workers, workers' rights will (　) increasing pressure.
(8) アジア経済が回復しつつある。
　　Asian economies are (　).

解答：(1) came to, (2) come out, (3) comes from, (4) come up with,
　　　　(5) came out, (6) came, (7) come under, (8) coming back

Part 4　練習問題

11　come, come down, come from, come out, come to, come up

(1) 55カ国の代表が交渉のテーブルに着いた。
　　Representatives from 55 countries (　) the (negotiating) table.
(2) 彼は政府の経済政策批判の急先鋒だ。
　　He was leading an effort to (　) on the government's economic policy.
　　＊(　) on ... は「…を非難する」。
(3) 今シーズン限りで現役を退くとの意思を（記者会見で）表明したが，（感極まって）ことばは途切れがちだった。
　　He said he'll retire at the end of the baseball season, and the words didn't (　) easily.
(4) 12月になれば選挙だ。
　　The election is (　) in December.
(5) 死の世界から生還したような気がした。
　　It was like (　) life again after being dead.
(6) 損益分岐点は年間160万台にまで落ちてきている。（年間160万台生産できれば，もうけが生まれる体質に改善してきた）
　　Our break-even point has (　) to about 1.6 million vehicles per year.
(7) 街の通りで警察官の姿を見かけると，ほっとした安心感が深まります。
　　We've seen greater peace of mind (　) the presence of the police on the street.
(8) 死ぬことになっても恐れはしない。
　　I'm not afraid of even death, if death must (　).

解答：(1) came to, (2) come down, (3) come out, (4) coming up,
　　　　(5) coming to, (6) come down, (7) coming from, (8) come

227

12 come, come and go, come down, come from, come into, come to, come up, come with

(1) (同社の)株価が下落した。
　　The stock price has (　　).
(2) 惚れたはれたは二の次で，彼女にとっては，仕事が最優先だ。
　　Romance is not at the top of her list. Her work (　　) first.
(3) 「いつ，来たの？〔帰って来た？〕」
　　「きのうの，昼過ぎさ。」
　　"When did you (　　) town?"
　　"Yesterday afternoon."
(4) ホテルの売り上げの約15％は結婚式の披露宴関係だ。
　　Some 15% of the hotel's revenues (　　) wedding receptions.
(5) 彼女がわたしの方へ近づいてきた。
　　She was (　　) to me.
(6) この試合まで10打席連続凡退していた前田は，2回，4回，5回にホームランを放った。
　　Maeda, who (　　) the game hitless in 10 at-bats, homered in the second, fourth and fifth innings.
(7) 干ばつはあったり，なかったりするが，水需要の増大は今後も続く。
　　Droughts (　　), but growing demand for water remains.
(8) 彼にとってそれは驚きだった。
　　It (　　) as a surprise to him.
(9) わたしと行動を共にするよう期待する。
　　I want you to (　　) us.

解答：(1) come down, (2) comes, (3) come to, (4) come from, (5) coming up, (6) came into, (7) come and go, (8) came, (9) come with

13 come, come down, come from, come out, come to, come up

(1) 米国が輸入できるのであれば，天然ガスの供給先がどこであろうと問題ないとわたしは考えます。
    It doesn't matter to me where the natural gas (   ), just so long as we get gas moving into the country.
    ＊move into は「入ってくる」→「供給される」。
(2) カレーのにおいがしてきた。
    The smell of curry (   ) me.
(3) 「これがいつもの彼女の授業のやり方で，なぜか，いつもうまく行くんだ。」
    "This is the way she always runs her class; and surprisingly enough, it always (   ) okay."
(4) 目撃者が現れて，法廷で証言した。
    Witnesses (   ) and testified before the court.
(5) 1カ月以内に政府の認可を得られるものと期待している。
    We hope the government will approve it in some time in the (   ) month.
(6) ガソリンの価格高騰はOPECのせいではないと副大統領は発言していますが，エネルギー省の担当者はOPECの責任を認めています。この問題についての大統領の考えをお聞かせください。
    The Vice President said OPEC is not to blame for high gas prices. An administration person from the Energy Department testified that OPEC is responsible. Where the President (   ) on this?
(7) 「動くな，撃つぞ」という声が聞こえた。
    "Freeze or I'll shoot!" (   ) the voice.

解答：(1) comes from, (2) came to, (3) comes out, (4) came up, (5) coming, (6) comes down, (7) came

14 come, come back, come into, come out, come to, come up, come with

(1) 彼女はにわかに泣きだした。
　　The quick tears (　　) her.
(2) そのパソコンにはIBM社製のeメールソフトが内蔵されている〔組み込まれている，搭載されている〕。
　　The personal computer (　　) IBM electronic-mail software installed.
(3) 判決はきょう下された。
　　The ruling (　　) today.
(4) その男に会ったことはほとんどない。
　　I have (　　) contact with the man very little.
(5) 地球温暖化の問題が話し合われる〔取り上げられる〕と思う。
　　I anticipate that the topic of global warming can (　　).
(6) APS（新写真システム）の良さはフィルムが処理されて写真屋から戻ってきたら分かるはずだ。
　　Users will come to realize the advantages of the APS system after the film rolls (　　) from photo-finishing shops [photo laboratories].
(7) 殺人事件の被告になったのは彼にとって2度目だった。最初はわずか18のときのことだった。
　　It was his second murder trial. His first had (　　) at the tender age of 18.
　　＊tender は「若い」，「未熟な」。
(8) 「自らすすんで自分の見解を詳しく説明することはなかった。」
　　"He did not (　　) and say, in so many words, this is my position."

解答：(1) came to, (2) comes with, (3) came out, (4) come into, (5) come up, (6) come back, (7) come, (8) come out

15 come, come from, come to, come together, come up with

(1) 我々は来るべき総選挙に向けて団結せねばならぬ。
　　We should (　　) for the next House of Representatives election.
(2) 法案は下院に送られた〔提出された〕が，重要なところは骨抜きにされていた。
　　The bill (　　) the House, but it was essentially gutted.
　＊the House は the House of Representatives（米国下院）の略。「上院」は the Senate。日本で the House of Representatives と言えば「衆議院」で，the Lower House も使う。「参議院」は the House of Councilors または the Upper House。
　　gut は「魚のはらわたを取る」，「重要な点を抜き取る」。
(3) 米国のエネルギー需要は今後一層深刻になります。問題は，どこから，そうしたエネルギーを調達するかということです。
　　The American appetite for energy will only become more of a problem in the future. Where will all of this energy (　　)?
　＊appetite は「食欲」。appetite for energy は「エネルギーに対する食欲」→「エネルギー需要」。
(4) すぐに回答はあった〔回答はすぐに寄せられた〕。
　　The answer (　　) quickly.
(5) 実施したいと考えているプロジェクトについての説明が必要だ。
　　You are required to (　　) explanations of the project you want to implement.
(6) （故障していた）コンピュータのモニターが動き出した。
　　The computer monitor (　　) life.

解答：(1) come together, (2) came to, (3) come from, (4) came,
　　　　(5) come up with, (6) came to

16 come, come from, come in, come out of, come to, come together, come up with

(1) 彼はこの極めて重大な問題に対する解決策を思いついた。

　He (　　) a reasonable solution to this very important problem.

(2) これで済むとはとても思えなかった。

　It seemed plain there was more to (　　).

(3) 社長は静かに話を聞き，自らは多くを語ることなく，自分で結論を出した。

　The company president listened quietly, not saying a great deal, (　　) his own conclusions.

(4) 夢から目が覚めた。

　I (　　) a dream.

(5) 増益は円安による為替差益によるところが大きい。

　A large part of the profit increase (　　) currency gains as a result of the weaker yen.

(6) 「米国のこどもたちをむしばんでいる暴力の文化を撃退するためにまず何をすべきか，それを議論するためにお集まりいただきました。」

　"We've (　　) to talk about some of the ways we can begin to reverse the culture of violence that is engulfing American children."

(7) 大統領は安定したエネルギー供給が重要と考えており，安定供給は価格を下げても可能だと考えています。

　The President thinks it's important to have energy supply stability, and stability can (　　) the form of lower prices.

解答：(1) came up with, (2) come, (3) coming to, (4) came out of, (5) came from, (6) come together, (7) come in

Part 4 練習問題

17 come, come after, come and go, come back, come down, come from, come off, come up

(1) わたしの収入源をあなたは知らない。
You don't know how my money (　　).
(2) 放課後は，暗くなるまでここらでぶらぶらして，コンテナ船が出入りするのを眺めていたものです。
After school he'd hang around here until dark, watching containers (　　).
(3) 彼は選手権で優勝した。
He (　　) a victory in the championships.
(4) （裁判の）審理は来週，始まる。
The case is (　　) next week.
(5) 在庫水準は依然として高く，低下するまでにはしばらくかかりそうだ。
Inventories have remained high, and it looks like it will take more time for them to (　　).
(6) 応募者の職歴は多様だった。
The applicants (　　) a variety of occupational backgrounds.
(7) こんなことを警察にバラしたら，きっとオレはねらわれる。ヤツはマフィアの一員なんだ。
If I tell this stuff to the cops then he'll (　　) me for sure. He's in the Mafia.
(8) （高校中退者に関して）復学し，卒業するよう，働きかけを強化する必要がある。
We should try harder to get them to (　　) and finish high school.

解答：(1) comes, (2) come and go, (3) came off, (4) coming up,
(5) come down, (6) came from, (7) come after, (8) come back

18 come, come down, come from, come out, come to, come up with, when it comes to

(1) 大統領は自分と意見を異にする人々を説得し，協力していきたいと考えています。

The President is going to try to persuade people who disagree with him to (　) aboard.

＊(　) aboard で「乗り物に乗り込む」，「協力に乗り出す」という意味です。

(2) 「すべての米国人が（社会，経済の）根本にかかわる難題に正面から取り組まねばなりません。」

"Every American has to (　) grips with this fundamental challenge."

(3) （声を出そうとするんだが）ことばが出てこないんだ。

The word didn't (　).

(4) （ミサイル開発の正当性を主張して）だれがテロ攻撃を仕掛けるか分からないわけですから，備えを怠れないのです。

Who knows where the next terrorist attack is going to (　), but we'd better be ready for it.

(5) 彼は独創的なアイディアの持ち主だ。

He is very creative in (　) ideas.

(6) ヒツジの見分け方については，彼の目に狂いはない〔彼はだまされない〕。

(　) sheep, it's difficult to pull the wool over his eyes.

＊pull the wool over one's eyes は「人をだます」の意味で，「ヒツジ」のはなしに wool（羊毛）を登場させてしゃれてみた。

(7) 人口の高齢化の進行に伴って，貯蓄率の低下が予想される。

Japan's savings rate is expected to (　) with the further aging of its population.

解答：(1) come, (2) come to, (3) come out, (4) come from, (5) coming up with, (6) When it comes to, (7) come down

19 come back, come down, come from, come in, come out of, come to, come up with

(1) 古き良き時代が戻ってくることは二度とあるまい。
 I think good times would never (   ).
(2) 連邦政府が重要な教育改革(計画)を打ち出した。
 Meaningful education reform has (   ) Washington.
(3) 身内に対し,厳しい態度をとるのはよそう。
 Let's not (   ) hard on our guys.
 *(   ) on は「非難する」,「どなりつける」。
(4) 「斜め読みしただけだけど,ちゃんと読むだけの価値があるわよ(価値があるとの結論に達した)。」
 "The whole book may be worth reading. I skimmed through and (   ) that."
 * skim through [over] は「ざっと目を通す」。skim は名詞で「液体の上澄み」。
(5) 入植者の出身地はさまざまだった。
 The settlers (   ) from many different places.
(6) 彼の職業に特有のカンが働いた。
 That kind of instinct often found in his profession (   ) him.
(7) 「(地球温暖化ガスの20%は米国,)残り80%はその他の国から排出されています。そして,その多くは発展途上国が排出源になっています。」
 "The rest of the world emits 80% of all greenhouse gases. And many of these emissions (   ) developing countries."

解答:(1) come back, (2) come out of, (3) come down, (4) came up with, (5) came in, (6) came to, (7) come from

20 come, come down, come from, come out, come to, come up

(1) その政策は慎重に発表された。
   The policy (　) carefully.
(2) 彼はなんとなく落ち着かなかった。
   He was not entirely sure if he had (　) the right place.
   * the right place とは「ふさわしい場所」。
(3) その問題は取り上げられなかった。
   The subject did not (　).
(4) 水道の水に含まれている細菌や化学物質について，利用者に告知する必要がある。
   People should be told what bacteria and chemicals are (　) their taps.
(5) 彼女にはアイディアがひらめいた。
   A thought (　) her.
(6) 情報時代の到来
   the (　) of the Information Age
(7) 彼らは小規模な農業経営から身代を築いた。
   They (　) to wealth from the small farmer class.
(8) かれは食中毒で寝込んだ。
   He (　) with a case of food poisoning.
(9) 拳銃の入手先について，容疑者は口を割っていません。
   The suspect has refused to tell us where the gun (　).
(10) 彼は口を開けたが，言葉にはならなかった。
   His mouth was open but nothing (　).

解答：(1) came out, (2) come to, (3) come up, (4) coming from, (5) came to, (6) coming, (7) came up, (8) came down, (9) came from, (10) came out

21 come back, come down, come from, come out, come to, come up with, when it comes to

(1) 殺人事件は（被疑者が起訴されて）裁判所に場所を移し，詳細に報道された。

　　The murder case (　　) trial and was fully reported.

(2) 生涯教育推進のための提案を打ち出す

　　(　　) proposals to promote lifelong learning

(3) 「われわれはこの極めて困難な課題から逃げることができない（正面から取り組まねばならない）。」

　　"We have to (　　) grips with this enormous task."

(4) （児童精神科医の）わたしがカウンセリングしているこどものほとんどは，ひどい家庭で育っています。

　　Most of my clients are children who (　　) awful homes.

(5) 「おつむは悪くないようだが，証拠隠滅に関しては，おまえはアホだ。」

　　"You've got some talent, but you're an idiot (　　) removing the evidence."

(6) （クリスマス休暇などで終わって）議会が再開した。

　　Congress has (　　).

(7) 政府は決定がちゃんと実行されるよう責任を負っている。

　　The government has the responsibility to make that decision (　　) right.

(8) （爆撃で）大地が揺れ，窓ガラスが音を立てて彼女のまわりに降りそそいだ。

　　The earth shook and the glass in the panes above her shivered and (　　) around her.

解答：(1) came to, (2) come up with, (3) come to, (4) come from, (5) when it comes to, (6) come back, (7) come out, (8) came down

22 come, come and go, come back, come from, come in, come out, come to, come up

(1) 列車は突然，停止した。
　　The train (　　) an abrupt stop.
(2) 「(いろいろ問題はあるが) なんとかなるさ。」
　　"I think we'll (　　) all right."
(3) 農村部出身の〔農業が主要産業になっている州から選出された〕上院議員
　　Senators who (　　) farm areas
(4) 経済状況を毎月調査していれば，問題を予見できることもある。
　　If you take our nation's economic pulse every month, sometimes you can see trouble (　　).
(5) 「この手のことになると，いやとは言いづらいですよ。」
　　"It's hard to say 'No' when this kind of thing (　　)."
(6) 第2四半期の経済成長率は4.2％と好調だった。
　　Growth in the economy during the second quarter (　　) at a brisk 4.2%.
(7) 絶好の［せっかくの］チャンスを逃してしまった恐れもある。
　　The right time may have already (　　).
(8) 彼女は冷静さを取り戻しつつあった。
　　Coolness was beginning to (　　) to her.
(9) 電話は鳴りやまなかった。
　　Telephone calls kept (　　).
(10) どうして，堂々と姿を現さなかったのだ。
　　Why didn't you (　　) in the open?

解答：(1) came to, (2) come out, (3) come from, (4) coming, (5) comes up,
　　　　(6) came in, (7) come and gone, (8) come back, (9) coming in,
　　　　(10) come out

23 come, come from, come out, come to, come up

(1) 先生方は変革のための計画を立てる必要があります。すぐに実行すべき計画，来年実施するものというように期間ごとの計画です。

Teachers need to make their plans for changes that will (　) immediately, and for changes that will (　) next year.

(2) 食品のウェート［依存度］が大きいそのスーパーマーケットでは売り上げは2％減にとどまった。

The supermarket, the bulk of whose sales (　) food, saw a decrease of only 2%.

(3) 調査の結果，彼女の服毒自殺だということが判明した。

It (　) that she poisoned and killed herself.

＊(　) は「…ということが分かった」。

(4) 「彼が殺されたと知って，いずれ，この点を突かれるとは思ってましたよ。」

"When I knew he'd been killed, I figured this question would (　) sooner or later."

＊ this question would (　) は「この質問が出てくる，この質問をされる」。容疑者として取り調べを受けている立場からすれば，「警察にこの点を突かれる」。

(5) 危機的状況が彼には予見できた。「（ワシントンに）帰るぞ」と言って，飛行機の用意を命じた。

He could see events (　) a head. "It's time for me to go back," he announced and ordered up his plane.

＊ (　) a head は「危機が迫る，頂点に達する」の意。

解答：(1) come; come, (2) come from, (3) came out, (4) come up, (5) coming to

24 come, come back, come down, come in, come into, come out of, come to, come up, come with

(1) 「結婚してくれ」と言われて彼女は，驚いてわれにかえった。
　　She (　　) to earth, at the sound of the word "marry."
　＊(　　) to earth　は「現実に戻る」こと。
(2) 政治記者になったのは40年前のことだ。
　　I (　　) political journalism 40 years ago.
(3) わたしの言ったことはうそでないことが分かるでしょう。
　　You will see what I said will (　　) true.
(4) 投資は減速し，技術的進歩は停滞の恐れがある。
　　Investment may slow down and technological advance may (　　) a standstill.
(5) その地域の天然ガス埋蔵量は豊富で，長期間にわたる供給が可能だ。
　　The natural gas supplies that (　　) there are so massive, they will last for an extended, long period of time.
(6) 住宅着工の多くはマンションだ。
　　Most new housing is (　　) the form of condominiums.
(7) 手紙や電話で新たな情報が寄せられることもあった。
　　Occasionally something (　　) in a letter or a phone call —— I mean, some new information.
(8) その歌は何世紀にもわたって歌い継がれてきた。
　　The songs have (　　) through the centuries.
(9) その製品は1年の保証がつきます。
　　The product (　　) a one-year warranty.

解答：(1) came back, (2) came into, (3) come, (4) come to, (5) come out of, (6) coming in, (7) came up, (8) come down, (9) comes with

Part 4　練習問題

25　come and go, come from, come in, come into, come up, come up with, come with, when it comes to

(1)　同社のコーヒーは280ミリリットルの缶入りだ。
　　The company's coffee (　　) 280ml cans.
(2)　欧州の指導者は（米国とは）異なる政治哲学を持っています。
　　European leaders (　　) a different political philosophy.
(3)　人間のつくったもので永遠に残るものはない。そして，制度も生まれては消えていく。
　　Nothing man-made is permanent. Institutions (　　).
(4)　目には涙があふれてきた。
　　Tears (　　) my eyes.
(5)　「新聞を読んでいると，あなたの名前がしょっちゅう出てくるんだ。」
　　"Your name keeps (　　) in newspapers."
(6)　「どなたか解決策が見つかったら，教えて欲しい。」
　　"When you all (　　) a solution, let me know."
(7)　日本における外車の価格は一般的に高い。
　　Imported cars in general (　　) large price tags in Japan.
　　＊large price tag を直訳すれば「大きな値札」→「高価」。
(8)　「エネルギー問題について率直に言わせてもらえれば，事態は深刻です。」
　　"I'm going to tell the truth (　　) energy; that we have a serious problem."
(9)　需要と供給が釣り合うようになった。
　　Supply and demand (　　) an equivalent level.

解答：(1) comes in, (2) come from, (3) come and go, (4) came into,
　　　(5) coming up, (6) come up with, (7) come with, (8) when it comes to, (9) came into

2 go編

1 go, go away, go into, go on, go out, go through, go to, go up

(1) 彼はエレベーターで5階の自分の事務所に行った。
He entered the elevator to (　) to his office on the fifth floor.

(2) 「事情は知っていながら、決して口外しなかった。」
"You knew what was (　), but you never told."

(3) あの男の子は今度、中学2年生になる。
He is (　) the eighth grade.

(4) 問題は解決した〔もはや問題は存在しない〕。
The issue has (　).

(5) 冷戦は終わり、ソ連は崩壊した。
The Cold War is over. The Soviet Union is (　).
 ＊「崩壊する」は collapse, fall apart も可。

(6) 「専門の精神科医にでも診てもらったら？」
"You'll have to (　) one of these psychiatrists to find out."

(7) 彼は散歩に出かけた〔散歩に出かけて、いま、家にいないよ〕。
He has (　) for a walk.

(8) 「チャンピオンに挑戦するような心境ですよ。」
"It's just the idea of (　) against a champ."

(9) 彼のデータベースを調べたら突き止められるかもしれないな。
Maybe we could find out by (　) his database.

(10) 「こどもたちにとって近隣社会を安全な場所とするためにできることはたくさんあるはずです。」
"We can (　) a very long way toward making our neighborhoods safe for our children

---

解答：(1) go up, (2) going on, (3) going into, (4) gone (away), (5) gone
(6) go to, (7) gone out, (8) going up, (9) going through, (10) go

2 go, go on, go out of, go through, go to, go under

(1) 証券業界の競争は激化しており，倒産する会社が出てくる恐れもある。
    With competition intensifying in the industry, some securities companies could (　　).
(2) 彼の言い分を紹介しよう。
    His argument (　　) like this.
(3) 彼は研究を続け，ハーバードから地質学で修士号をとった。
    He (　　) to receive a master's in geology from Harvard.
(4) 大統領は経済政策についての20パラグラフに及ぶ声明を読み上げた。
    The President (　　) a 20-paragraph statement about his economic policy.
(5) 最近，物事への関心が消え失せてしまった。
    The zest has (　　) life recently.
    ＊ zest は「熱意」，「情熱」。
(6) OPEC（石油輸出国機構）とはいろいろと協議を続けている。
    There are conversations that are (　　) back and forth with OPEC.
(7) エネルギー価格の上昇はとても容認できるものではない。
    Energy prices have (　　) unacceptably high levels.
(8) 少なくても試合がはじまってしばらくの間は，両チームに対する応援は互角だった。
    Support for the two teams was evenly divided, at least in the early (　　).
    ＊(　　)は「試合の進み具合」。

解答：(1) go under, (2) goes, (3) went on, (4) went through, (5) gone out of, (6) going, (7) gone to, (8) going

3 go, go beyond, go into, go on, go out

(1) 銀行間取引はオンライン化した。

Interbank business transactions [Business transactions between banks] have (　) online.

(2) この問題について，意見の相違は大きなものがありますが，対話は続けます。

The dialogue (　), even if there are big differences in this.

(3) １日のスケジュールは予定通りに進行した。

The whole day (　) like clockwork.

＊like clockwork は「正確に」，「予定通りに」，「順調に」。

(4) その会社は従来の書籍出版ルートとは全く異なる手法を採用した。

The company has (　) the traditional book publishing route.

(5) 新システムが稼働した。

The new system (　) operation.

＊「稼動する」は come on stream も使える。

(6) 飛行機は２度飛び立ち，そのつど戻ってきた。

The plane (　) and returned twice.

(7) 戦況を把握している者はだれ一人としていなかった。

No one could tell how the battle (　).

(8) 「故郷を離れて遠くの大学へ進学する人もいるでしょう。」

"Some of you will be (　) a long way away to college."

(9) （共和，民主両党の対立で）身動きがとれない状況は過去のものとなりました。

(　) are the days in Washington where people are talking about gridlock.

＊gridlock は「交通渋滞」，「行きづまり」。

解答：(1) gone, (2) goes on, (3) went, (4) gone beyond, (5) went into, (6) went out, (7) went on, (8) going, (9) Gone

4 go, go ahead, go back, go by, go into, go on, go out of, go through

(1) 彼女は声を小さくしたが，話は続けた。
　　She lowered her voice but (　　).
(2) 死刑を（予定通り）執行する
　　(　　) with an execution
(3) 彼女は過去を忘れる（忘れ去る）ことはできなかった。
　　She couldn't let the past (　　).
(4) 事故再発防止のための対策はいろいろあります。
　　We can (　　) a long way toward ensuring that this sort of accident will not happen again in the future.
(5) こうした楽観主義はほとんどみられない。
　　Today this optimism is all but (　　).
(6) そのクルマは2度モデルチェンジをした。
　　The car has (　　) two model changes.
(7) 彼女は大学教授として復職することになった。
　　She's (　　) to be a college professor.
(8) 彼女は心から怒りを感じた。
　　The anger (　　) her heart.
(9) 文化大革命の時代に多くの中国人が経験した苦難
　　the hardships many Chinese (　　) during the Cultural Revolution
(10) 「その点はのちほど触れるとして，ここにある写真のなかに重要なブツがあることに注目してください。」
　　"Before I (　　) that, I want to call your attention to a significant item in these photographs."

解答：(1) went on, (2) go ahead, (3) go by, (4) go, (5) gone, (6) gone through, (7) going back, (8) went out of, (9) went through, (10) go into

5　go, go back, go down, go for, go on, go out of, go to, go through

(1) 捜査は不十分だと（事件の被害者は）感じているわけですが，その人たちにはどのように説明するのですか。
　What can you say to those people involved who feel strongly about (　) much further in the investigation?

(2) 報道官は大統領が指名した候補者一覧表を読み上げた。
　The press secretary (　) a list of nominations prepared by the president.

(3) 彼女は何カ月もダイエットをしている。
　She has (　) a diet for months.

(4) 中国は，500年前にもさかのぼる世界で最も長期間の気象データを持っている。
　China has the world's longest meteorological records, (　) over 500 years.

(5) 彼はわざわざわが家を訪れ，あいさつしてくれた。
　He (　) his way to visit us to say hello.

(6) 問題は米国が現行の方針をいつまで継続するかだ。
　The question is how far the U.S. should (　) the current course.

(7) 彼は発電所建設計画反対の住民説得に大いに骨を折った。
　He (　) great lengths to persuade the local citizens opposing the proposed power generation plant.

(8) 経済の新たな刺激策が求められています。そのために最も必要なものは貿易自由化の新ラウンドを推進することです。
　We need a new stimulus to the economy. And the best thing is to (　) a new round about how to liberalize trade.

解答：(1) going, (2) went through, (3) gone on, (4) going back, (5) went out of, (6) go down, (7) went to, (8) go for

6 go, go back, go down, go into, go on, go through

(1) かつての水田は元の沼地に変わっていた。
The rice fields have (　) to marsh lands.
(2) 文章は途中で終わっていた。
The sentence (　) unfinished.
(3) その法案が可決する可能性は全くない。
The bill will not (　) anywhere.
　＊直訳すれば「その法案はどこにも行かない」。The bill will (　) nowhere.でも同じ意味。
(4) 「わたしの兄はコカイン常用で危なく命を落とすところでした。常用の事実を知らなかった愚かさについてわたしはどれほど自責の念を持ったことでしょう。」
"My brother nearly died from a cocaine habit. And I've asked myself a thousand times, what kind of fool was I that I did not know this was (　)."
　＊thousand times は「1,000回の」ではなく，単に「数多く」。
(5) 減税はまだ実施されていない。
The tax cut hasn't (　) effect.
(6) 数千人の労働者がストに突入した。
Thousands of workers (　) strike.
(7) その映画スターはすっかり忘れられた存在になってしまった。
The movie star has (　) into oblivion.
(8) 株式公開買い付けはうまく行った。
The takeover (　).
(9) その問題については国務省に聞いてほしい。
I'd refer you to the State Department as far as that (　).

解答：(1) gone back, (2) went, (3) go, (4) going on, (5) gone into, (6) went on, (7) gone down, (8) went through, (9) goes

7 go, go down, go into, go on, go out, go through

(1) 米国の景気を維持する
　　keep America's economy (　　)

(2) 彼はコンピュータを買いはしたけど，どうせ使いっこないよ。
　　He bought a computer but I'm pretty sure it will (　　) unused.

(3) 彼の話はとどまるところを知らなかった。
　　His story (　　) and on.

(4) NATO（北大西洋条約機構）軍がコソボに派遣された。
　　NATO troops (　　) Kosovo.
　＊NATO は North Atlantic Treaty Organization の頭文字。

(5) （紛争地域への軍事介入について）同時に派兵したのだから，撤退するときも歩調を合わせよう。
　　We came in together and we will (　　) together.

(6) 苦労しました。
　　We've (　　) hard times.

(7) わたしの生きがいは子供です。
　　My kids keep me (　　).

(8) 彼は8回，ひざのけがで退場した。
　　He (　　) with a knee injury in the eighth inning.

(9) 「新事業は5年後には黒字化すると予想しています。」
　　"We expect the new business to (　　) the black in five years."
　＊「黒字化する」は become profitable; make (a) profit なども。

(10) （テレビ局では）3台のテレビをつけている。それぞれ ABC，CBS，NBC 専用の受信機だ。
　　They have three television sets (　　), one for ABC, one for CBS and one for NBC.

解答：(1) going, (2) go, (3) went on, (4) went into, (5) go out,
　　　(6) gone through, (7) going, (8) went down, (9) go into, (10) going

8 go, go for, go into, go on, go through

(1) 放送開始までに1時間半，打ち合わせする。
They have an hour and a half before they (　　) on the air.
(2) その会社の再建計画は順調に行ってないようだ。
The rehabilitation of the company, it seems, has not (　　) well.
(3) 家庭のごみがどこで処理されるかを考えてみなければならない。
It's time for us to consider where the waste is (　　).
(4) 政府はストライキが中立的な調停機関の裁定を経ずに決行されたことから違法とみなしている。
The government considers the strike illegal, saying it was called without (　　) mandatory arbitration by a neutral mediation body.
(5) その少年は警察官になった。
The boy (　　) law enforcement.
＊law enforcement を文字通り訳せば「法律の執行」。この文脈では「警察官としての仕事」。
(6) 「欧州連合は京都議定書を遵守し，批准を目指しますが，米国は異なった政策を選択しました。」
"The European Union will stick to the Kyoto Protocol and (　　) a ratification process. The U. S. has chosen another policy."
(7) 年金制度は崩壊した。
The pension program has (　　) broke.
＊broke は「一文なしになる」。(　　) bust [under] も同義。
(8) 彼らは休暇に出かけた。
They (　　) vacation.

解答：(1) go, (2) gone, (3) going, (4) going through, (5) went into, (6) go for, (7) gone, (8) went on

9 go, go down, go into, go on, go out of, go through, go to

(1) まだ，先は長い〔これで終わりではない〕。
　　There is a long way to (　　).
(2) 新開発の乗用車には現地生産の部品が使われる。
　　Locally made parts will (　　) the newly developed car.
(3) 経済活動の力強さを示す指標である鉱工業生産は2000年9月にピークとなり，その後は低下傾向だ。
　　Industrial production, which is a key measure of the strength of the economy, peaked in September of 2000 and has (　　) since then.
(4) 為替レートの乱高下を経験した多くの企業は自衛策をとりつつある。
　　After (　　) wild currency fluctuations, many companies are taking measures to protect themselves against such volatility.
(5) 校長先生は野球部の活躍について特に触れ，決勝戦まで進出したことを称賛した。
　　The principal (　　) his way to praise the high school baseball team for going all the way up to the finals.
(6) その果物のイスラエルからの総輸出量のうち約8割は日本向けだ。
　　About 80% of Israeli exports of the fruit (　　) Japan.
(7) 損害の程度は分からない。
　　We don't know how far the damage (　　).
(8) 「状況を説明してくれ〔何事が起きたのだ〕。」
　　"Tell me what's (　　)."
(9) 欧州と米国の団結は世界にとっても好ましい。
　　When Europe and the U. S. are together, things (　　) well for the world.

解答：(1) go, (2) go into, (3) gone down, (4) going through, (5) went out of, (6) go to, (7) goes, (8) going on, (9) go

Part 4　練習問題

10　go, go back, go into, go on, go out, go to, go through

(1)　(夫人を亡くした男性について) 悲しいことですが，これが人生です。彼には立派な息子さんが二人もいらっしゃいますし。
　　It's sad, but life (　　). And, you know, he's got two wonderful sons.
(2)　弾道弾ミサイル防衛計画に80億ドルを支出する。
　　Eight billion dollars are (　　) the development of a ballistic missile defense program.
(3)　(経常利益の額で) 第2位はトヨタ自動車だった。
　　Second place (　　) Toyota Motor Corp.
　＊このケースの second place に the はつかない。
(4)　その会社の株式公開時の株価は14ドル25セントだったが，12月には3ドル87セントまで下げた。
　　The company (　　) public at $14.25 and dropped as low as $3.87 in December.
(5)　事故で親族を亡くしたご家族の方々に心よりお悔やみ申し上げます。
　　Our hearts (　　) to the families who lost their relatives in the accident.
(6)　わたしたちは昔からの友人です
　　We're just good friends who (　　) way (　　).
(7)　「ハンドバッグの中身をすべてチェックさせてもらいますが，よろしいですか?」
　　"Do you think it's all right to (　　) everything in the handbag?"
(8)　あの男の子は今度，中学2年生に進級する。
　　He is (　　) the eighth grade.

解答：(1) goes on, (2) going into, (3) went to, (4) went, (5) go out,
　　　　(6) go (way) back, (7) go through, (8) go into

11　go, go back, go down, go into, go on, go out of, go to

(1) 一度はじめたら，継続することが重要だ。
When you start a thing you have to (　) with it.

(2) 事件の詳しい真相に触れるつもりはありません。
I'm not going to (　) the exact details of the incident.

(3) やつは頭がおかしくなっちゃった。
He has (　) nuts.

(4) 彼は32年の刑を受けるところだったが，病弱を理由に15カ月で済んだ。
He could have (　) prison for 32 years, but ailing, he got 15 months.

(5) いまさら20代に戻るわけにはいかない。
There is no (　) to my 20s.

(6) 米国はユーゴへの資金援助を支持する。
The United States supports funds (　) Yugoslavia.

(7) 「頭がおかしくなりそうだ。」
"I'm (　) my mind."

(8) われわれは川下りをした。
We (　) the river.

(9) 来年は選挙だ。
We will (　) elections next year.

(10) その会社の株には買い手がつかなかった。
The company's shares (　) unsold.

(11) 野茂は尻上がりに調子を出してきた。
Nomo got stronger as the game (　).

解答：(1) go on, (2) go into, (3) gone, (4) gone to, (5) going back, (6) going to, (7) going out of, (8) went down, (9) go into, (10) went, (11) went on

Part 4 練習問題

12 go, go for, go from, go into, go on, go out of, go through, go up

(1) 離婚手続きが済んで，すぐにエディーと再婚したの。
　I got married to Eddie as soon as the divorce (　　).
(2) 「聞きもしないのに，あの男ときたら，自分の方が有利だってことをわざわざ言いにきたんだ。」
　"He (　　) his way to convince you that he has all the (trump) cards.
　＊ have [hold] all the (trump) cards は「有利な立場にいる」,「思い通りになる」。
(3) 不信感から彼はまゆをつり上げた。
　His eyebrows (　　) in disbelief.
(4) 医師を農村部へ送り込む〔赴任させる〕
　get doctors to (　　) rural areas
(5) まさに，ビル建設ラッシュだ。
　Everywhere building is (　　).
(6) エアバス社が大型機の（開発を進めているのに対し），ボーイング社は高速（旅客機）を目指している。
　While Airbus has gone large, Boeing is (　　) speed.
(7) 退社するころには，日はとうに落ちていた。
　The sun had completely (　　) when I left the office.
(8) 「われわれの将来について十分な説明がなかったように思えますが。」
　"I think you haven't talked too much about where we (　　) here."
　＊ where we (　　) here は「ここからどこへ行くのか」→「将来」,「今後の行方」。
(9) 警察に通報されない犯罪も数えきれないほどある。
　There are numerous cases of crime that (　　) unreported to the police.

解答：(1) went through, (2) went out of, (3) went up, (4) go into,
　　　(5) going on, (6) going for, (7) gone, (8) go from, (9) go

13 go, go forward, go into, go through, go to

(1) ショーは毎週金曜日に放映される。
　　The TV show (　　) on the air every Friday.
(2) 戦闘状態に入った。
　　We (　　) battle.
(3) 「この家をしっかり管理していただき，とても感謝しています。」
　　"We are very happy with the way you have kept this house (　　)."
(4) 釣りに行ってきた。
　　We (　　) fishing.
(5) 「(会議の討議内容については資料をすでに配付してありますので)ここでは繰り返しません（読み上げません）。」
　　"I won't bother to (　　) the statement again."
(6) 会談は予定通り進行した。
　　The meetings have (　　) just as planned.
(7) 日本ではあす選挙だ。
　　Japanese (　　) the polls tomorrow.
(8) その会社は生命保険業への進出を検討している。
　　The company is considering (　　) the life insurance business.
　＊moving into でも同じ意味。
(9) その法案が議会を通過するには数カ月かかるだろう。
　　It's going to take several months for the bill to (　　) Congress.
　＊一言でいえば pass。
(10) 物音ひとつしない部屋で，彼女は思わず叫びたい衝動にかられた。じっとしていたら，頭がおかしくなりそうな気がした。
　　The room was so still she almost screamed to break the silence. She must do something or (　　) mad.

解答：(1) goes, (2) went into, (3) going, (4) went, (5) go through,
　　　(6) gone forward, (7) go to, (8) going into, (9) go through, (10) go

14　go, go into, go on, go through, go to

(1) 彼女が温かくて気さくな性格なのに対し，夫はおもしろみのない，近寄り難いひとだ。
　　She is warm and easy (　　), while her husband is dry and distant.
　　＊distant は「距離がある」，「よそよそしい」。
(2) 暴力事件が続いています〔暴力事件はおさまっていません〕。
　　There is violence (　　).
(3) 困難な日々を切り抜けてきた。
　　We've (　　) these terrible days.
(4) 外債と外国株への投資がそれぞれ10兆4,000億円。海外での貸し付けは12兆7,000億円だった。
　　Investments in foreign bonds and foreign equities each amounted to 10.4 trillion yen, while 12.7 trillion yen (　　) overseas lending.
(5) 「ここらあたりで何が起きているか，みんな筒抜けですよ。」
　　"We all know everything that (　　) around here."
(6) 予定の会議を順番にこなしていった。
　　We (　　) scheduled meetings one by one.
(7) 10代の若者がはしかにかかっているのは，青年期になってから2回目の予防注射を受けていないためだ。
　　Teenagers are getting measles because they haven't (　　) the second shots in their adolescent years.
(8) 彼女は大学には進学せず，（高校を出ると）すぐにハリウッドに向かった〔俳優を目指した〕。
　　She skipped university to (　　) straight (　　) Hollywood.

解答：(1) going, (2) going on, (3) gone through, (4) went into, (5) goes on, (6) went to, (7) gone through, (8) go (straight) to

15　go, go back, go down, go on, go out, go to, go up

(1) 日本の国民感情からすれば，沖縄が二国間〔日米間〕で最大の問題であろう。

As far as Japan's public sentiment (　), Okinawa appears to be the single most important bilateral topic.

(2) 「すべて昔のままだ，ここでは。変わったことなんてあんまりないよ。」

"Everything's still (　) just the same here. Not many changes."

(3) 犠牲者の遺体回収が最優先だ。

The priority should (　) the recovery of victims

(4) 休みが終わって，子供たちが学校に戻っていった。

Children have (　) to school after summer vacation.

＊学校側から表現すれば Children have come back to school. となる。

(5) 小切手は先週振り出した。

The checks (　) last week.

(6) その銀行から融資を受けている企業の多くは倒産したか，破たんの恐れが強い。

Many corporate borrowers from the bank are either bankrupt or close to (　) bust.

＊(　) bust は「倒産する」。bust は形容詞で「破産した」，「一文なしの」。(　) bankrupt も同じ意味。1語で言えば fail。

(7) 株価はきょう値上がりした。

Stocks (　) today.

(8) あいつの負けは決まったようなものだ。

He is sure to (　) to defeat.

解答：(1) goes, (2) going on, (3) go to, (4) gone back, (5) went out, (6) going, (7) went up, (8) go down

16　go, go ahead, go down, go on, go to, go under

(1) その要請は再検討します。
　　The request will (　) review.
　＊come under review でも同じ意味。
(2) 証拠は検察官に送付され，立件できるかどうかを判断する。
　　The evidence (　) the Public Prosecutor and he decides if there is a case.
(3) 道路は行き止まりだ。
　　The road (　) nowhere.
(4) 不良債権解決の道のりは日本の銀行にとってまだまだ遠い。
　　There is a long way to (　) for Japanese banks to clean up nonperforming loans.
(5) ワシントンで，そして世界各地でさまざまな動きがあります。たとえば，サミット，減税論議，教育大改革などの動きです。
　　There is a lot (　) in Washington and in the World; a summit, a tax relief debate, major education reform.
(6) 法案は採決され，否決された。
　　The bill was voted on and (　).
(7) 米国抜きで日本が（京都議定書を批准すべきかどうか）は疑問だ。
　　There is a question over whether Japan should (　), ignoring the United States.
　＊「批准する」とくればratify を連想しますが，口語表現では，(　) with the Kyoto Protocol も可です。
(8) 「当社は存続します〔倒産することはありません〕。」
　　"Our company will (　)."

解答：(1) go under, (2) goes to, (3) goes, (4) go, (5) going on,
　　　　(6) went down, (7) go ahead, (8) go on

17 go, go down, go on, go through, go to, go up

(1) 金融危機が世界各地で発生している。
　　The financial crisis is (　　) in many countries of the world.
(2) 遠くのヘリコプターのエンジン音にマークは気づかなかった。
　　The distant beat of the helicopter (　　) unnoticed by Mark.
　＊英語の主語は「エンジン音」。
(3) 米国は（敵の）重要な軍事目標を攻撃する能力を持っている。
　　The U. S. has the capability to (　　) key military targets.
　＊「攻撃する」は hit, attack が一般的。
(4) 大統領の支持率は50%から60%の間を行き来し、大きな変動はありません。上がることもあれば、下がることもあります。
　　The president's job approval is anywhere between 50% and 60%. The fluctuation is minuscule. Some days it (　　), some days it (　　).
　＊job approval は「仕事の評価」→「支持率」。approval [popularity, support, public support] rating も同じ意味。
(5) 「日本は景気後退を余儀なくされるだろう。改革の成果があがるのはそれからだ。」
　　"Japan has to (　　) recession before reforms can succeed."
(6) 彼は予定通りクリスマス休暇をとった。
　　He (　　) his scheduled Christmas leave.
(7) （米国政府のリストラと規制緩和に関連して）「（中央省庁の職員を）30万人以上削減し、（規制緩和では）16,000ページに及ぶ規制を撤廃しました。」
　　"We now have over 300,000 fewer people, and 16,000 pages of rules (　　)."

解答：(1) going on, (2) went, (3) go to, (4) goes up; goes down（goes down; goes up の順でもよい）, (5) go through, (6) went on, (7) gone

18 go, go back, go down, go forward, go on, go to, go up

(1) 健康保険の保険料は上昇しています。
    Health care costs are (　　).
    ＊「保険料」にあたる正確な英語は（insurance）premium。
(2) 物価上昇率と医療費はここ数年，低下しています。
    Inflation and the cost of health care have (　　) way (　　) the last few years.
(3) 日本のベンチャーキャピタルの多くはすでに事業活動が軌道に乗った企業に投資される。
    Much of Japan's venture capital (　　) companies that are already well-established.
(4) 電気自転車はすでに1800年代にはアイディアとしてはありました。
    The idea for the electric bicycle (　　) to the 1800s.
(5) ミサイル防衛計画を推進するために弾道弾迎撃ミサイル制限条約の改定をロシアと交渉する
    negotiate the necessary modifications with the Russians on the ABM Treaty to allow the missile defense program to (　　)
(6) 「公判の進行に伴い，尋問されることも多くなろう。」
    "There will be more questions as the case (　　)."
(7) ドル安になりつつある。
    We are (　　) in dollars.
(8) ミサイル発射テストの道のりはまだ先が長い。
    There is a long way to (　　) in the missile test program.
(9) 「ここで，本日のゲストにおはなしをうかがいます。」
    "We should (　　) now to our guest speaker."

解答：(1) going up, (2) gone (way) down, (3) goes to, (4) goes back, (5) go forward, (6) goes on, (7) going down, (8) go, (9) go on

19　go, go ahead, go back, go from, go on, go to

(1) 悪人は罰せよ［不正を働いたものにはとがめが必要だ］。
　　The wicked should not (　　) unpunished.
　＊the wicked は「悪さ，不正を働く人間」。

(2) 大統領は所得税減税についての議論を歓迎しています。
　　The President is willing to (　　) the mat on the income tax cut.
　＊(　　) the mat with ... は「…と争う」，「…と激しく議論する」。

(3) 日本は勝ち進んで，トーナメント戦を制した。
　　Japan (　　) to win the tournament.

(4) 弾道弾ミサイル防衛計画の予算がクリントン政権時代の50億ドルから，現政権では80億ドルに膨らむ。
　　The budget for the ballistic missile defense program (　　) 5 billion dollars proposed by Clinton to 8 billion dollars under the Bush administration.

(5) イチローは5打数2安打だった。
　　Ichiro (　　) 2-for-5.
　＊英語では「打数」と「安打」の語順が逆転する。

(6) あなたに対して，復学したらどうかと考えている人はだれもいない。
　　Nobody is suggesting that you (　　) to school.

(7) 新たな貿易自由化交渉を開始する
　　(　　) with a new round of talks [negotiations] to liberalize trade

(8) ドル高になると，輸入品の価格は下落する。
　　As the dollar (　　) higher, imported goods get cheaper.
　＊これは米国から見た場合のはなし。日本にとって，ドル高は円安だから，米国製品の輸入価格は上昇する。

解答：(1) go, (2) go to, (3) went on, (4) goes from, (5) went, (6) go back, (7) go ahead, (8) goes

20 go, go along, go into, go on, go to

(1) 民主党が妥協案に賛成することはない。
　　Democrats will not (　　) with a compromise.
　＊(　　) with は「…に同調する」。
(2) その会社のパソコンの国内出荷のうち，小売店向けはわずか15%で，残り85%は企業向けだ。
　　Only 15% of the company's domestic PC shipments (　　) retailers, with the remainder mainly (　　) corporate users.
(3) 国民は停電を望んではいません。
　　People need to have their lights (　　).
　＊lights は「電灯」，転じて「電気」。直訳すれば「国民は電灯がついた状態を必要としている」。例文はカリフォルニア州で起きた電力不足による大停電事故についての大統領報道官のコメント。
(4) 「彼女はパニックになりやすいタイプの女性ですか？」
　　"Is she the sort of woman who (　　) panics?"
(5) 権力をひけらかしているような印象を強く与えた。
　　He left a strong impression that the power has (　　) his head.
　＊(　　) someone's head は「酔わせる」，「慢心させる」。
(6) 「米大統領選の運動資金の出所と使途の実態は」
　　Where does the money come from in presidential politics, and where does it (　　)?
　＊「米大統領選で使われる資金はどこから来て，どこへ行くのだ？」が直訳。
(7) 彼は昼食に出かけた。
　　He (　　) lunch.

解答：(1) go along, (2) go to; going to, (3) go on, (4) goes into, (5) gone to, (6) go, (7) went to

21 go, go into, go on, go out, go to

(1) 「わたしは舞台に上がりたがるようなタイプではありません」と彼は言った。
   "I'm not the kind of person who likes to (　) stage," he said.
(2) 交渉は延々と続いているが、進展があるようには見えない。
   The lengthy negotiations seem to be (　) nowhere.
   *(　) nowhere は「どこにも行かない」→「結論が出ない」、「進展がない」、「決裂だ」、「堂々巡りだ」。
(3) 戻し減税の第一弾が先週実施された。
   The first tax rebates (　) last week.
(4) (そこであきらめずに) もうひと頑張りし、なんとか合意にこぎつけた。
   We (　) the extra mile and managed to reach the agreement.
(5) (金持ちになったんで)「あいつ、すっかりのぼせ上がってしまったんだ [有頂天になった]。」
   "Money (　) his head."
   *(　) someone's head は turn someone's head と同義。
(6) (テニスの選手が)「フォームがよかったと思います。最高のプレーができました。崩れることがありませんでした。」
   "I was in good form. I could play my best today. I could keep myself from (　) pieces.
   *(　) pieces は「物がバラバラになる」、「(肉体的、精神的に) ダメになる」。「(計画などが) つぶれる」場合にも使える。
(7) (ボクシングで) 試合開始のゴングとともに、彼は積極的に攻撃に出た。
   He (　) the bout as the aggressor from the opening bell.

解答：(1) go on, (2) going, (3) went out, (4) went, (5) went to, (6) going to, (7) went into

Part 4　練習問題

22　go, go back, go by, go down, go into, go on, go through

(1) 彼は出廷した。
　　He (　　) court.
(2) テレビ番組制作をテーマに学位をとるため大学院に進学した。
　　He (　　) to a graduate degree in television production.
(3) 日本の1月の輸入は前年比で27%減少した。
　　Japan's imports (　　) 27% year on year in January.
(4) 「父との意見の対立が原動力となってきたのです。」
　　"My opposition to my father was the spring that has kept me (　　)."
(5) あらゆる角度から議論されている。
　　There's a whole range of discussions (　　).
(6) 彼女の好奇心はとどまるところを知らない[満たされたことがない。彼女の好奇心の旺盛さといったら]。
　　Her curiosity never (　　) satisfied.
(7) 1965年当時，医学の進歩は比較的ゆるやかでした。ところがきょうこのごろは，寿命を延ばし，健康増進につながる画期的なニュースに接しない日はないといっても過言ではありません。
　　In 1965, the pace of medical progress was relatively slow. Today, hardly a day (　　) without news of an exciting advance to extend life or improve health.
(8) 彼女は自分が目撃した殺人事件の現場を思い出した。
　　Her mind (　　) to the murder scene she had witnessed.
(9) いろいろ苦労してきた。
　　We (　　) a lot of difficult times.

解答：(1) went into, (2) went on, (3) went down, (4) going, (5) going on, (6) goes, (7) goes by, (8) went back, (9) went through

23 go, go back, go beyond, go into, go on, go through, go to

(1) （新電電が加入者から徴収する電話料金の）約15％は接続料としてNTT（日本電信電話）に支払われる。
   About 15% (   ) NTT for access to its local lines.

(2) この習慣は代々伝わっているもので，これからも引き継がれていくだろう。
   This practice (   ) many a year and will continue.

(3) コメ小売業の認可を受け，新規事業に参入する
   obtain a license as a rice retailer and (   ) business

(4) 会談が終了するまで，これ以上のことは申し上げられません。
   I'm not going to (   ) that until after the meeting.

(5) まず，ジョン，それからあなたの質問を受けましょう。
   We'll (   ) John, and then you.
   ＊記者会見で質問の順番を決めるときなどの言い回し。

(6) その住専は通常の破産手続きで処理した。
   The jusen housing mortgage company (   ) normal bankruptcy procedures.

(7) 戦争というものは計画通りに事が運んだ試しがない。
   Wars never (   ) exactly the way they planned it.

(8) シングルマザーが生活保護を受けざるを得ない主たる理由は，父親が親としての責任を果たさないからだ。
   One of the main reasons single mothers (   ) welfare is that fathers have failed to meet their responsibilities to the children.

(9) 合併計画は実現した。
   The merger plan (   ).

解答：(1) goes to, (2) goes back, (3) go into, (4) go beyond, (5) go to, (6) went through, (7) go, (8) go on, (9) went through

24 go back, go beyond, go for, go into, go out of, go to

(1) 「わたしは地下鉄は利用しないんです。脚が悪くて，階段が使えないもんで。」
    "I don't (　) the subway because of leg problems, forcing me to avoid stairs."
(2) ベスト20はすべて日本企業だった。
    The top 20 spots all (　) Japanese companies.
(3) プライベートな会談であり，(話し合いの) 内容についてはこれ以上申し上げられません。
    It was a private meeting. And I won't (　) that.
(4) プログラムのトラブルで3日間停止していたシステムが復旧した。
    The system, which was forced to shut down for three days due to program errors, has (　).
(5) 彼は懲役36年，彼女は5年の判決を受けた。
    He (　) prison for 36 years. She gets five years.
(6) (騒乱) 状態は手がつけられないほど悪化した。
    The situation (　) control.
   ＊「鎮静化した」は The situation was placed [put] under control.
(7) われわれは当事者双方に停戦を呼びかけています。
    We urge both partners to (　) the cease-fire.
(8) 最初の質問に戻りましょう。
    Now I (　) to the first question.
(9) 議会に上程して，否決されたら目も当てられないぞ。
    It would be a disaster to (　) Congress and lose.

解答：(1) go into, (2) go to, (3) go beyond, (4) gone back, (5) goes to, (6) went out of, (7) go for, (8) go back, (9) go to

25 go, go back, go forward, go into, go on, go out of, go through, go to

(1) ほんの一瞬，彼女は現実から切り離され，自分を見失った。
   For a moment, reality (   ) her and she was lost.
(2) 証拠収集の方法が旧態依然なために，（証拠不十分で）釈放される犯罪者もいる。
   Some criminals (   ) free because the methods used to gather evidence are not up-to-date.
(3) 彼女は暴漢の歳格好について詳しく説明した。
   She (   ) detailed description of her assailant.
(4) ジャイアンツはこのところちっともいいところがない。
   Little has (   ) right for the Tokyo Giants.
(5) 「連戦が続くので，延長戦は避けたかった」と新庄選手。
   "We have so many games in a row coming up, and we didn't want to (   ) extra innings," Shinjo said.
   * come up は「近づく」。
(6) わたしは決意を固め，自信を持って前進した。
   I (   ) with determination and with confidence.
(7) カリフォルニア州住民は，電力需要がピークとなり，大規模停電の恐れが最も高くなる夏を迎える。
   People in California (   ) the summer months, when power demand is high and blackouts are most at risk.
(8) 討論会は深夜にまで及んだ。
   The discussion session (   ) well into the night.
(9) その政治家は選挙公約を守らなかった。
   The politician (   ) on a campaign promise.

解答：(1) went out of, (2) go, (3) went into, (4) gone, (5) go to,
(6) went forward, (7) go through, (8) went on, (9) went back

索　引

【日本語】

【あ行】

あいさつする　111
相性がよい　205,209
愛想がつきる　117
相次いで起こる　115
アイディア　103
合う　209
赤字になる　85
明かりが消える　200
明かりがつく　200
明るみに出る　79-80,92,98,100,222
明らかになる　80
悪循環　159
悪の枢軸　28
汗　66
頭がおかしくなる　165,201,252,254
頭越し　204
頭越しに相談する　204
扱いにくい人物　100
悪化する　199
集まる　232
圧力を受ける　16
当てにする　136
充てる　206
跡をとる　132
アパート探し　135
アフガニスタン空爆　38
甘い　25
雨漏り　68
雨宿りする　121
雨になる　115
危ぶまれる　62
争う　260
新たな人生　77
表われ　7
現れる　99,115
有り金をすべて…に賭ける　198
アルカイダ　38,48
歩き回る　186
合わせる　208
安打　260
安眠　135
いいところがない　266
eメールソフト　121,230
委員会　80
言うまでもない　212
鋳型　81
生きがい　137,179,248
行き詰まる　93
行き止まり　93,257
域に達する　102
生き延びる　118
生きること　137
行き渡る　190
域を超える　192
意見が合う　211
いざという時　89
遺産　74
意識を失う　200,207
意識を回復する　94
意識を取り戻す　90,110
移住する　115-116
イスラム過激派　30

267

移籍する 116,205
依存する 225
イチかバチか 188
1号店 91
いちころ 197
一段と努力する 137
一文なしになる 249
一列に並ぶ 77
一生懸命…する 178
一緒に行く 108,205
一致する 77
異動する 199
移動する 203
違反のチケット 103
違法駐車 103
イマイチ 180
イライラする 185
異例なことだ 164
印刷される 179
印象を与える 107
インターネット 70,114
受け 146
受け入れられない 208
受け入れられる 146
受け入れる 92,222
受け取り人不明 72
受ける 197,203,255
動かす 191
動きがある 257
失せ物 92
打ち解ける 85
打ち砕かれる 178
有頂天になる 262
訴える 174
打つべき手 135
うまく行かない 27,179,212
うまく行く 203,247
生まれついての悪 212
生まれては消えていく 241
裏切る 203
売りに出される 97,100
運命をともにする 209
営業利益 74
影響を持つ 78

英国国教会 205
エイズ 172
永続的な 53
ABM条約 28-29,218
NFLの選手になる 211
エネルギー危機 15,18,181
エネルギー供給 232
エネルギー計画 221
エネルギー需要 231
エネルギー省 65,229
エネルギー政策 14,181,224
エネルギー不足 19
エネルギー問題 18,141,241
選ばれる 100
延期する 163
援助 173
援助計画 118
円高 109
円安 109,232
オイルショック 223
欧州連合 249
横断 187
横断する 106
終える 169
大げさに振る舞う 204
大助かり 134
オーバーする 203
オープンする 91
オープン戦 54
大目にみる 24
お構いなく 164,187
送り込む 253
起こる 200
お仕着せの改革 6
襲う 203
落ち合う 119
落ちこぼれる 118
落ちぶれる 67,180
落ちる 64
同じ運命をたどる 208
同じことだ 95
お見合いサービス会社 177
お見通し 169
思い出す 61,94,263

索 引

思いつく 37,102,232
思い通りに進む 207
思いやりのある保守主義 218
折り合い 119
オルガスム 58
音頭を取る 65
オンライン化する 244

【か行】

改革路線 206
階級 69
開業する 78
解禁 78
解決策 232,241
解決する 242
外見で判断する 194-195
外見を信用する 195
外交交渉 136
外交問題 142
解雇される 105
開始する 260
外車 122
改宗する 203,205
外出する 165
改正 84
改善すべき点がある 27
改善する 57
改善の余地は大きい 134
最低飲酒年齢 22
回答する 60
介入 217
開発 ii,18,21
開発する 81
開発費 81
回復する 49,60,94,226
下院 231
価格下落 64
価格高騰 65
化学兵器 28
学習障害 9
確信する 57
核心を突く 94
隔世の感 58
駆け落ちする 192,202

駆けつける 223
可決する 189,247
風向きが変わる 106
かしこまりました。 99
カストロ 55
風邪を引く 133
ガタガタになる 109,178
価値が下がる 179
勝ち越し 189
勝ち越す 188
勝ち進む 260
活動を始める 78
かっとなる 201
活発に動きだす 136
合併 74
稼動する 244
カネの世の中 54
金持ちになる 185
株価 148,183,228
株式会社 187
株式市場 16
カムバック 62
カメラのフラッシュ 44
カモ猟 78
ガラガラ 162
…からすれば 256
カリカリする 185
カリフォルニア州の電気不足 64
カリフォルニア州の電力危機 20
為替差益 232
変わりはない 95
変わる 199
考え 66
考え出す 102
環境改善計画 65
環境政策 14,127
環境保護政策 ii,18
環境保護団体 16,21
環境問題 14,136
関係が深い 205
還元 10
管財人 153
監視 183
感謝する 91,166

患者の権利法案 34
関心 217
肝心なのは 66
感染経路 222
完投する 133
監督 75
堪忍袋の緒が切れた 132
がんばって行く 178
寛容だ 25
管理する 254
関連する 190
関連性がある 119
消え失せる 243
消える 113
議会 70,97
気が狂いそうになる 185
気が狂う 201
機関投資家 218
危機 89
危機的状況 239
危機的状態になる 93
危急の場合 89
企業市民 193
企業の損益 193
気さく 255
記者会見 iii,46
技術的進歩 240
基準に達する 101
議場 37
規制緩和 23
基礎教育 211
起訴される 176
期待 7
議題 97
期待外れ 101
気づく 258
厳しく批判する 67
基本 139
基本的人権に関する宣言 35
偽名を使う 207
逆転勝ち 61,223
逆戻り 140
逆境 85
休暇に出かける 249

休暇をとる 258
休憩 100
急降下 153
急先峰 227
急騰 20
急騰する 170
旧約聖書 72
給与 196
教育委員会 110
教育改革 5-6,9,235
教育省 7
教育成果 8
教育制度 9
教育の基本 139
業界団体 160
供給先 229
教職 43
業績 i
業績の向上 118
業績不振 75
競争力 134
京都議定書 14,16,221,249
競売にかけられる 100
競売にかける 207
供与する 173
協力する 48,97,119,151,234
共和党政権下 121
共和党党大会 113
拠出する 172
拒絶される 208
拒否権 218
切り替える 205
切り抜ける 33,117,255
記録される 147
議論が煮詰まる 66
気を失う 116
緊急事態 108
金魚ばち 24
銀行システム 191
金太郎アメ 81
区域 193
クーデター 199
腐る 138
くじけない 101

索　引

苦情がある　174
苦情の手紙　74
ぐずぐずする　163
崩れる　262
くたばりやがれ　178
口に合う　101
口を割る　236
苦難を経験する　169
組み込まれている　121
繰り返す　203
苦労する　169,248,263
苦労人　101
苦労を経験する　33
黒字化する　248
詳しく調べる　167
詳しく説明する　266
加わる　75
軍事介入　128,151,217
軍事行事　30
軍事力　109
軍隊暮しを逃げ出す　204
経営危機　176
警戒　183
計画の細部　67
経過する　193
景気回復　13,49,149
景気後退局面　108
景気対策　16
景気低迷　222
経験する　123,167,245,250
経済危機　219
経済構造　186
経済政策　227
経済成長率　238
経済的繁栄　65
経済的負担　190
経済封鎖　118
警察官　158,249
警察当局　162
継続する　160,246,252
経由する　117
経歴　141
ゲーム機　81
ゲームソフト　81

激怒する　170,185
結果　57,71,193
欠陥タイヤ　143
結局　66
決行する　84
結婚する　176
結婚率　225
結論　92
結論を出す　232
煙探知機　199
下落する　64,219,228,260
懸案　47
原因　71
権益　41
現役　57
限界　193
天然ガス開発　127
健康維持組織　35
現行法　84
健康保険制度　114
建国　77
検査する　202
検視医　98
現実に戻る　67,240
現実を直視する　67
現状　137,157
減少する　263
原子力発電所　21
減税　10,13,121,150
建設的な　83
建設的な関係　149
還俗する　204
原動力　263
権利章典　35
権力の座にある　56
ゴア副大統領　5
公営住宅　84
公開される　114
公開する　251
降格人事　199
高価な　122
豪華な夕食　180
効果を発揮する　135
公共事業　173

攻撃する 67
公職へ立候補する 200
公正取引委員会 174
後世に残る 129
厚生年金 195
公的介護 153
公的年金 153
強盗 176
行動を共にする 189,228
荒廃する 179
公表される 57,79-80
公表する 82
好評を博す 203
候補者選び 104
公約 10
公立学校 5-6,8-9,42,96,145
高齢化 234
航路を変える 106
超える 203
ゴーサイン 188
国営企業 206
国際社会 92,118
国防総省 30
国民の信頼 62
国務省 177
こげつく 138
故障者リスト 113
故障する 214
コスト 85
子育て 132
国会議員 177
国家エネルギー政策 18
国庫 94
事がうまくいく 117
事が運ぶ 264
粉々になる 176
好ましい 250
ゴミになる 180
雇用機会 131
壊れて価値を失う 179
コントロールがきかない 164

【さ行】

最悪の状態になる 95

再開する 60-61,237
採決される 90
採決にかける 90
債権 187
再建計画 249
再建する 60,75
再検討する 257
最高税率 12
在庫水準 233
最後までやり抜く 134
再婚 176
財産分与 92
採算を度外視する 193
最重要課題 9
財政赤字 121,174
財政黒字 13,66
財政政策 60
祭壇 176
裁判 80,180
細部 67
財務省 73
財務状態 191
最優先 14,228
最優先課題 5,145
サウジアラビア侵攻 153
魚釣りに行く 135
さかのぼる 141,246
下がる 64
先は長い 250
作業部会 226
避ける 190
裂ける 109
サッカーくじ 73
殺人 176
殺人事件 119
殺人事件発生率 145
殺人犯 78,178
殺到する 85
作動する 199
裁きにかける 41
作用する 78
去る 198
去る者は日々に疎し。 165
参画する 75

索　引

参加する　75-76
傘下に入る　120
散財する　178
三振　113
賛成する　37, 48, 189, 261
参入する　264
散歩する　197
試合開始　178
試合に勝つ　113
試合に負ける　180
支援する　177
潮が引く　63
潮が満ちる　63
仕かける　197
直談判する　204
しかる　67
識字能力　139
施行される　77
地獄行き　184
地獄の沙汰も金次第　54
事故原因　214
仕事として扱う　170
仕事に就く　114, 152
仕事をみつける　195
試作車　223
支持する　84
支出される　173
支出する　251
支持率　74, 258
自制心を失う　165, 176
時代遅れになる　164
従う　194, 209
市長選　84
失業者　69
失業する　69, 194
実業団チーム　92
失業手当受給者　159
失業手当を受ける　160
実現　53, 113, 187, 192, 223
執行する　245
実行する　188
実施される　77, 262
実施する　77, 200, 247
使途　261

死ぬ　132
自白する　59
支払う　264
絞りたての牛乳　82
自民党　225
自明のことだ　212
社会資本投資　65
社会の犠牲者　184
社会やモラルに反して行動する　202
弱者　184
社交的な人　154
社交的になる　85
借金取り　67
ジャパン・プレミアム　191
写本　97
自由化　195
収穫期を過ぎる　179
終結する　91, 192
就職難　159
終身雇用制度　120, 226
重大局面に差しかかる　93
住宅開発計画　206
住宅着工　240
重点政策　121
収入源　233
就任する　78
重要になる　78
就労機会　131
受給年齢　195
授業のやり方　229
主治医　35
手術を受ける　207
主張する　174
出現する　99
出所　69, 261
出身地　217, 235
出世階段を上る　169
出世する　20, 99, 101, 185, 196
出世の階段　183
出廷する　263
出典　70
出版する　86
守備につく　152

趣味としている 151
需要と供給 241
終了する 170
遵守 195
順調に行く 82,189,208,249
上院 96,219,231
省エネ車 21
紹介 35
生涯教育 237
昇格 118
償却 187
状況 157
商業生産 155
条件 53
証券市場に公開する 136
証拠 92,112
勝者になる 85
上昇する 181,259
上場する 114
昇進する 101
上程される 96
上程する 265
焦点が合う 77
承認を得られる 167
少年犯罪 70
消費者物価 181
消費税 198
情報技術関連産業 20
情報公開 187
情報時代 236
情報提供 111
正面から取り組む 234,237
将来 137,253
将来像 128
将来のあるべき姿 128
将来を見通す 136
ショートスカート 77
ショートヘア 77
ショー番組 201
食生活 221
食中毒 146,236
職にありつく 195
職場復帰する 140
食料 122

職歴 233
ショックを受ける 94
初等教育 42
所得税 217
所得税減税 76,189,260
所得税率 121
初犯 24
処分される 180
処方せん 191
処理する 170,264
調べる 112,152,202,242
自力再建 136
自立する 77
知れ渡る 79
試練 55
進学する 255,263
進化の歴史 115
審議される 96
新規事業に参入する 152
進級する 251
シングルヒット 133
シングルマザー 264
人員削減 118
侵攻する 153
進行する 189,244,254
人工赤血球 104
人口統計 168
人材引き抜き 116
辛酸をなめる 167
人種隔離 57
進出 254
辛勝 53
新商品 114
新鮮野菜 74
新着の映画 114
進捗状況 58
進展がある 262
振動機能付き携帯電話 199
新聞記者 70
新聞ざたになる 79
新聞に書かれる 100
人脈 138
新薬 81
信用する 194

索　引

審理　233
人類学者　171
水位　101,147
水準に達する　101
推進する　198,246
水泡に帰した　94
睡眠不足　173
推理小説　219
姿を現す　238
姿を消す　165
過ぎ去る　193,194
スクイズのサイン　114
進む　198
進める　187,188
スタートする　114
ずたずたになる　109
廃れる　77
すってんてんになる　101
素通りする　194
スト決行　249
ストに参加する　166
ストに突入する　157,247
ストを打つ　166
ズバリと突く　178
スピード出世　146
滑り出し　9
済ます　169
済む　253
スリーマイル島原発事故　20
スリムになる　146
精一杯やってみる　166
成果がない　83
生活保護　264
生還する　227
正規の手続きをとる　170
税金　85
税金の使途　137
政権交代　55-56
政権を担当している　56
政権を握る　78
成功する　85,113,203
成功裏に終わる　113
政策提言　70
生産コスト　65

政治家　84
政治亡命　152
税収入　73
青少年の飲酒行為　25
青少年向け推薦図書　42
精神的ショック　33
精製能力　182
成績　144
生存競争の敗者　184
性的絶頂感　58
晴天のへきれき　85
税の負担　11
政府開発援助　173
政府主導　65
生物兵器　28
生命保険会社　188
制約　193
制約を受ける　120,226
税率　12,217
世界貿易機関　196
世界貿易センター　30
責任を負う　237
石油輸出国機構　182
世帯構成員　191
石器時代　171
接近する　123
セックスする　177
絶好のチャンス　238
接触しそうになる　123
説得する　180
設備投資の縮小　118
説明する　152
設立許可証　8
せびる　224
ゼロ容認の原則　25
世論調査　178
船員になる　179
全額保護　206
戦火を交える　153
前言を翻す　143
専攻　144
前後不覚になる　165
戦死する　60
前進する　20,198,266

宣誓する 111
先生不足 144
戦争を始める 180
選択肢 12
先頭集団 163
潜伏する 178
全米フットボール連盟 210
鮮明にする 84,225
専門職従事者 43
全力を尽くす 166
増員 69
総会屋 62
総額 84
増額 9
増加する 199
総合エネルギー政策 181
そうじゃなくてね 133
増税 12
総選挙 119
送付する 257
創立 76
即位する 78
そこそこの 196
訴訟社会 34
訴訟を起こす 178
そそっかしい 143
ソフト 81
そぶりを見せる 170
損益分岐点 227
存続する 257
損をしてでも 193

【た行】

退役軍人 43
ダイエットする 160,246
対外借款 163
対外投資 198
大学進学 94
大企業 180
待機中 108
大規模停電 181,266
対処 9
退場する 248
対象にする 197

退職 152
退職後 24
大成する 94
対戦する 97
代打で打席に立つ 177
大胆に行動する 204
大停電 18
大統領報道官 17,23,46,141
態度を変える 109
大半を占める 97
太陽熱発電装置 222
平にならす 196
大量虐殺 80
大量生産 155,223
大量破壊兵器 28
ダウンを喫する 146
タオルを投げ入れる 98
倒れる 146
妥協案 37
打数 260
多数派 23,37,77
多数派の考えに従う 211
助ける 177
打席 97
打席に立つ 99
ただ同然 198
立ち上がる 94
立ち去る 199
立ち直る 61
立場 66
立場を明らかにする 160
立場を明確にする 84
立ち向かう 99
立ち寄る 36
脱獄する 204
脱線する 201-202
達成感 7
建て直す 75
打点 19,114
たとえ火の中，水の中 170
多とする 134
旅に出る 160,199
ダメになる 180
頼る 136

索　引

タリバン政権　38
タレ込み　89
団結する　40, 119, 231
探査　ii
誕生する　74
炭疽菌　39
弾道弾迎撃ミサイル　218
弾道弾迎撃ミサイル制限条約　27, 259
弾道ミサイル技術　28
弾薬　122
治安強化　162
地域奉仕活動　22
チームを変える　75
チェックする　167, 202, 251
知恵を出す　103
近づく　99, 159
近寄　206
力の限り努力する　166
力を合わせる　40
力を入れる　180
力をつける　101
地球温暖化　226, 230
地球温暖化防止　14
地上軍　153
(チャンスが) 巡ってくる　108
中央政府　189
中産階級　69
中小企業　180
中年　138
注文　85
調印国　17
調査する　112, 152
挑戦する　184, 242
超党派　218
貯蓄率　234
賃上げ　84, 94
賃金抑制　118
沈没する　146, 207
ついて行く　189
付いてくる　190
墜落する　146
通過する　116, 167, 254
通勤　176

使い物にならなくなる　179
疲れる　114
使われる　173
付き合いのよい人　154
付き合う　205, 209
次から次へと　225
継ぐ　240
伝わる　147
続ける　244-245
つぶれる　61
つまづく　213
詰まるところは　66
つらい目にあう　33, 167, 169
釣りに行く　254
提案　111
提案する　175
提案を思いつく　103
ディーゼル車　117
低下する　64, 250, 259
提供　70
提供する　119, 209
提携先　210
提携する　209
停止する　93
提出される　176
提出する　231
抵触する　218
低所得者　10, 11
停滞　240
停電　211, 261
停電事故　15
停電になる　200
程度　250
データ　70
デートする　166, 190
手が切れる　76
出かける　192, 242
手がつけられない　265
手順を踏む　170
テスト　55
撤退する　163, 221, 248
鉄道労働者　84
手取り給与　194
手取り収入　217

277

出直し 140
テロ行為 193
転換する 75
電気技師 152
電気料金 64
天然資源 ii
転校 8
天候次第 178
天国に行く 184
てんてこ舞い 132
店頭 74
店頭公開する 136
天然ガス ii,219
電話がつながる 118
電話に出る 113
同意する 189
頭角をあらわす 196
同郷 226
東京証券取引所 136
動向 157-158
同行する 58
搭載されている 121
洞察力 136
倒産 137
倒産する 61,138,164,180,243,256
投資 188
当事者 53
投函する 163,201
投資する 259
同時テロ事件 30,44,47
登場する 114-115
同情する 166
当初予想 73
当然だ 212
到着する 74,115
同調する 77,189
同等な 102
登板する 113
投票所 178
投票する 178
投票率 178
同盟国 189
到来 236
道理にかなっている 196

遠い先のはなしだ 27
遠い道のり 27
遠くまで行く 134
遠くまで来る 58
通りかかる 108
通り過ぎる 36,193
通り抜ける 167
度外視する 193
独立する 77
図書館学 42
図書祭 42
突然起こる 85
突然…する 84
とどまらない 193
とどまるところを知らない 248
どなりつける 159,235
飛び交う 186
飛び込む 74
どぶに捨てたようなもんだ 183
伴う 209
取り上げる 97,219
執り行う 171
取締役会 97
取り戻す 238
ドル高 260
ドル安 259
トレードされる 174
どんじり 74

【な行】

内蔵 230
内蔵されている 121
内部昇進 99
内野安打 19,114
治る 191
直る 133
流れにさおさす 211
流れに身をまかせる 211
なくなる 191
亡くなる 132
成し遂げる 169
斜め読み 235
ならず者国家 28
何着[位]になる 57

278

索　引

なんの苦もなく　147
難民　110
難問　107,117
難問にぶつかる　100
…に関しては　237
二次電池　121,224
二束三文で処分される　198
…に近づく
日常生活　38
ニッケルカドミウム　121
にっちもさっちも行かない　93
煮詰まる　66
日本の将来　137
入荷する　74
入手経路　78
入手先　236
入手する　80
入隊する　201
入団する　92
入党する　177
女房役　46
忍耐　39
値上がりする　256
値を戻す　60
寝返る　187,203
根が深い　136
寝込む　236
寝過ぎ　173
ネズミとり　59
ネット　114
根なし草　55
ねらう　197
年金　224
年金制度　138,249
年中行事化　56
納税者　11
…の生まれだ　69
…の出身だ　69
伸び　i
のめり込む　201
乗り換える　117
乗り切る　33
乗組員　146
乗り越える　203

【は行】

パート従業員　120,226
パーマをかける　197
廃棄される　180
廃棄処分される　180
配達される　74
ハイテク株　62
生え抜き　97,99
破壊される　179
爆発する　199
爆発物　199
派遣される　248
パソコン　121
場立ち　114
働きかける　180
破たん　256
破たんする　138,206
はっきりしてくる　112
はっきりと　163
発言する　86
発効する　17
初仕事　9
発信する　163
発生する　199,258
発送する　163,176,201
ばったり会う　106,115
発展途上国　211
発売される　81,114
発売する　81
発表される　79,118
発表する　86
発砲事件　158
パニックになる　261
派閥　225
派兵する　221,248
早まる　201
はやる　77,190,220
払い戻す　173
バラバラになる　41,109,176
はるばる　58
ばれる　221
反撃する　60
判決　230

判決を受ける 265
犯罪防止 137
犯罪率 65
万全を期す 217
反対を表明する 84
判明する 57
被害 217
日が落ちる 253
火が消える 163,165
引き上げられる 198
引きつける 60
否決される 257
ひげを剃る 113
比肩しうる 102
非行に走る 212
批准 16-17,249
批准する 221,257
ひと巡りする 190
独り暮らし 77
非難する 67,227,235
非難を浴びる 120
批判を受ける 120
秘密の場所 83
秘密を漏らす 86
ひもつき 163
百人百様 9
病気にかかる 67
ヒラ社員 101
ひらめき 103
ひらめく 44,85,236
ビリ 74
広がる 190,191
火を弱める 93
ビン・ラディン 38,47,49
ファーストレディー 42
深入りする 201-202
不朽の自由 38
不況 222
復学する 61,233,260
復習する 140,203,245
副専攻 144
服用 160
膨らむ 260
ふさわしい場所 236

不十分 195
不祥事 62
付随する 209
物価が上がる 100
物価が下落する 100
物価上昇 196
復活 62
物価統制法 77
復帰 62
復帰する 60,222
復旧する 61,219,265
ブッシュ政権 78
沸騰する 93
不動産業界 63
船乗りになる 179
腐敗する 138
フラッシュをたく 200
降りそそぐ 64,237
振り出し 140
振り出す 256
不良債権 138,257
ふりをする 170
降る 64
ふるいの目から落ちる 118
ふるい分ける 118
古き良き時代 132,136,235
触れ回る 190
触れる 245
分解される 192
分岐点 12
平均寿命 183
兵力撤退 187
米連邦準備制度理事会 60
ベトナム戦争 153
ベルリンの壁 27-28
変化する 57
ベンチャーキャピタル 259
法案 222
放映する 254
防衛政策 142
崩壊する 109,179,242,249
法外な値段を払う 20
砲火を浴びる 120
放棄する 187

索　引

邦銀向け上乗せ金利　191
方向感覚　179
報告書　79
放送衛星　220
放送する　249
放送中　202
放送を終わる　202
報道される　79
報道陣　36
棒に振る　62
暴力の文化　119,232
ポケットマネー　153
誇りとする　i
ほころびる　109
保証　240
保証付き　121
補助金　7,137
補正予算　89
ほったらかしにする　179
ほっつき歩く　186
ほっとする　131
ほどほどにする　178
ほどほどの　196
骨折り損　226
骨を折って…する　178
骨を折る　246
ぼられる　20
惚れたはれた　228

【ま行】

負け知らず　133
負ける　256
真正面から取り組む　25
マッチする　209
まとまりを失う　176
まとまる　169
マヒする　179
満足　7
満塁　114
見受ける　107
見えなくなる　165
見える　74
ミサイル迎撃実験　26
ミサイル防衛計画　218,259

ミサイル防衛構想　26,28
未成年者の飲酒問題　22
未成年者の喫煙問題　110
道を間違える　214
密輸される　118
認める　82,92
見逃す　194
耳を傾ける　70
身元割り出し　111
未来像　128
民営化　187
民主党　11,16,21
昔から　251
…向け　250,261
無視する　193
虫の好かないやつ　178
無常観　56
ムショ暮らし　173
結びつける　119
ムダになる　94,198
夢中になる　201
無になる　94
無法者国家　28
明確になる　77,112
明瞭に　163
メーンバンク　176
目が覚める　232
めげない　101
目指す　196,253,255
メシ抜き　211
目に狂いはない　234
目まいを感じる　114
メロメロになる　176
目をそらす　94
芽を出す　103
目を見張る　116
面倒をみる　195
猛暑　162
もう少しがんばる　137
もう少しで…するところだ　123
猛烈に　68
燃え尽きる　185
目的達成　186
目的とする　197

281

持ち家 122
目下のところは 91
もっともだ 196
モデルチェンジ 171, 245
戻し減税 262
戻る 252, 256, 265
盛り上がる 92
問題が発生する 212
問題校 6
問題の核心 178
問題を起こさない 195

【や行】

焼き尽くされる 185
役員 97
約束を守る 266
役に立つ 76, 134
薬物がらみの問題 112
休みをとる 100
やってくる 37
野党陣営 189
野党にくら替えする 205
屋根を突き抜けるほど 20
破ける 109
やり過ぎ 24
やり遂げる 170
やり抜く 169
融資 118
郵送される 118
裕福になる 101
有名になる 185
譲り受ける 67
輸入額 220
輸入品 220
夢がかなう 223
夢から目を覚ます 67
夢も希望もなくなった 132
揺れ動く 199
容疑者 93, 176
要するに 66
要請する 175
容認する 25
容認できない 243
良からぬうわさ 186

横切る 106
よく合う 208
よく似ている 81
横になる 114
予算 7
予算の範囲内 122
予想通りことが運ぶ 200
予定通り運ぶ 169
呼ぶ 197
読み上げる 243, 246, 254
読み，書き，そろばん 211
4打数1安打 133

【ら行】

乱高下 250
利益 85
利益を出す 85
理解される 107
理解する 187
離婚手続き 117
リストラ 109, 131
理想の相手 177
理想の男性 108
立案する 103
立候補する 100
流行する 77, 187
両極端になる 173
良書 43
両立する 18, 21, 127, 205
両立できる ii
リラックスする 135
輪郭 77
レイオフ計画 122
冷戦 91, 242
冷戦時代 27
霊長類 115
歴史に名を残す 147
連邦政府 7
連邦捜査局 41
労働組合 84, 94
労働時間 92
労働者の権利 120, 226
ローマカトリック教 205

索　引

【わ行】

和解する　119
若気の至り　98
分かる　57
分かれ道　13
わき道へそれる　201
分け合う　190
わざわざ　58, 253
わざわざ…する　46, 164, 180

忘れる　165, 192, 245
話題になる　100
話題をそらす　201
渡る　187
和平交渉　93
わめき散らす　159
悪い血　220
湾岸戦争　128
…を手にする　75

【英　語】

【A】

a long way　57
a long way to go　26-27
ABM　27
ABM Treaty　28-29, 218, 259
accomplishment　6
act of terrorism　193
advancement　145
after retirement　24
agenda　97
aid　173
aid package　118
AIDS　172
al Qaeda　38
allies　189
altar　175-176
ammunition　122
anthrax　39
anthropologist　171
Antiballistic Missile Treaty　27
appetite　231
apples have not fallen far from the tree　22
appreciate　91
artificial blood cells　104
as far as it goes　12
at any price　19

at the moment　91
authorities　161
available　80
axis of evil　28

【B】

bad streak　220
ballistic missile technology　27
banking system　191
basic education　211
behind　71
belly up　137
big businesses　180
big dinner　180
Bill of Rights　35
biological weapons　27
bipartisan　47
bipartisan support　218
blackmailer　79
blackout　18, 266
blockade　118
blue moon　108
board of directors　97
boil down to　66
bomb with　208
Book Festival　42
books for older children　42
botched　20
bottle　25
bound　193

box-office film 155
break-even point 227
bring someone to justice 41
broadcasting satellite 220
budget deficit 121
Bush government 78
business association 160

[C]

campaign commitment 10
capital spending 118
carbon dioxide emissions 16
Castro 56
catch up with 104
central government 188
charter 8
charter school 8
chemical weapons 27
child-rearing 130
Church of England 205
closet 83
CNN 25
coach 75
coexist 21
Cold War 242
come 53
come a long way 58
come aboard 234
come about 105
come across 106-107
come after 107
come all the way 58
come along 107
come apart 41,109
come around 109
come back 37,49,60
come back from behind 61
come back to earth 240
come before 110
come by 110
come clean 58
come down 64
come down in the world 67
come down on 67
come down to 29,66
come down to earth 67
come down with 67
come far 58
come for 111
come forward 111
come from 7,15,43,69
come home 112
come home to 112
come in 73
come in for 76
come in on 76
come in useful 76
come into 73
come into conflict with 28
come into fashion 77
come into focus 77
come into force 77
come into line 77
come into my life 74
come into one's own 77
come into play 78
come into power 78
come into the open 77
come into the press 79,100
come off 58,112
come on 19,31,113
come on line 114
come on the market 114
come on the scene 115
come on top of 115
come out 79,100
come out against 84
come out in favor of 84
come out in the wash 84
come out of nowhere 84
come out of one's ears 85
come out of one's shell 85
come out of the blue 85
come out of the closet 83
come out on the right side 85
come out on the wrong side 85
come out with 86
come over 37,115

索　引

come over to　116
come part at the seams　109
come through　33,49,117,168
come to　87
come to a (the) boil　93
come to a fork in the road　12
come to a head　93,239
come to an end　45
come to floor　37
come to grips with　25,94,234
come to life　92
come to light　100
come to naught　29,94
come to nothing　94
come to one's rescue　90
come to one's senses　94
come to something　94
come to terms (with)　92
come to the point　94
come to the rescue　89
come to the same thing　95
come to this　95
come together　40,45,87,119
come under　120
come under attack　41
come under fire　120
come under pressure　16
come under the hammer　207
come up　49,96
come up against　99-100
come up for　100
come up for air　100
come up for auction　100
come up for sale　100
come up in the world　101
come up on　13
come up smiling　101
come up the hard way　101
come up to　101
come up to one's shoulder　102
come up with　37,102
come with　121
come within　122
come within a hair of　123

come within an ace of　123
comeback　62
come-from-behind victory　223
Coming up.　99
commercial break　165
commission　80
community service　22
company-sponsored baseball club　92
compassionate conservatism　218
compatible　21
competitiveness　134
complain about　174
compromises　37
concept cars　223
Congress　70,97
conservationist groups　21
constructive　83
constructive relationship　149
consumer prices　181
consumption tax　198
contribute　172
convinced　57
corporate citizen　193
corporate ladder　183
culture of violence　119,232
currency gains　232

【D】

dating agency　177
dead letters　72
debt collector　67
Democrats　15,21
demotion　199
deregulation　23,195
deregulation program　20
details　67
developing countries　211
diesel-powerd car　117
dietary habits　221
diplomatic conversations　136
disclosure　187
divorce proceedings　117
dominated　97

downturn 222
drug problems 112

[E]

economic crisis 219
economic package 16
economic policy 227
economic recovery 13
economic structure 186
education reform 9,235
education system 9
electric engineer 152
electronic-mail software 121
eligibility age 195
emergency 108
endure 38
Enduring Freedom 38
energy bills 19
Energy Department 65
energy plan 221
energy policy 181,224
energy shortage 18
energy supply 232
energy-efficient cars 21
environmental policy ii,14,18
environmental problem 136
environmental programs 65
environmentalists 15
European Union 249
evolutionary history 115
exam 55
exhibition game 55
exploration ii,18,21
explosive device 199
extreme heat 161

[F]

faction 225
fail 61
failing schools 8
Fair Trade Commission (FTC) 174
family matter 23
farming 152

faulty tire 143
FBI 41
Fed 60
financial situation 191
finish 57
first incident 24
first order 9
first outlet 91
first things first 14
fiscal policy 60
flashbulb 44
flick 19
floor 37
fold 37
food poisoning 145,236
foreign policy 142

[G]

get ahead 19-20
global warming 226,230
go 127
go (all) to pieces 175-176
go a long way 134
go about 186
go across 187
go across to 187
go after 48
go against the tide [times] 211
go ahead 28,187
go all out 166
go all to pieces 175
go along 29,37,48,189
go along with 189
go around 190
go around with 190
go away 45,191
go back 9,139
go back to business 40
go back to normal 40
go bad 138
go bankrupt 61
go belly up 61,137
go beyond 48,192
go broke 138

索　引

go bust　61,256
go by　36,193
go by appearances　194
go down　144
go down in history　148
go down in records　148
go down on paper　148
go down the drain　183
go down the road　149
go easy　24
go far　23
go far [fur]　195
go for　196
go for a walk　197
go for broke　198
go for nothing　198
go forward　29,32,198
go from　198
go hand in hand　ii,18
go in　150
go in effect　17
go in for　151
go in with　151
go into　23,48,150
go into bankruptcy　61
go into business　152
go into shock　151
go it alone　29
go nowhere　257
go nuts　252
go off　19,43-44,199
go off half-cocked　201
go off mad　201
go off on [at] a tangent　201
go off one's head　201
go off the air　202
go off the deep end　201
go off the rails　202
go on　31,156
go on at　159
go on for　159
go on record　160
go on the air　254
go on the dole　160

go on tour　160
go on welfare　264
go on with　160
go out　41,63,161
go out of business　164
go out of control　164
go out of date　164
go out of fashion　77,164
go out of focus　164
go out of one's mind　165
go out of one's way　164
go out of service　164
go out of sight　165
go out of style　164
go out on strike　166
go out with　166
go over　202
go over someone's head　204
go over the hill　204
go over the top　204
go over the wall　204
go over to　205
go public　136
go round　190
go sour　138
go the distance　133
go the extra mile　137
go the way　207
go through　33,49,167,255
go through fire and water for someone　170
go through someone's hands　170
go through the changes　169
go through the mill　169
go through the motions　170
go through the proper channels　170
go through the roof　170
go through with　170
go to　172
go to another school　8
go to bat against　177
go to bat for　177
go to bed with someone　177

go to court 36
go to extremes 174
go to great lengths 246
go to great lengths to 178
go to ground 178
go to hell 178
go to law 178
go to pieces 178,262
go to pot 179
go to press 179
go to prison 174,176
go to rack and ruin 179
go to sea 179
go to seed 179
go to someone's head 261
go to the altar 175-176
go to the mat with 260
go to the polls 178
go to the trouble [bother] of doing something 180
go to the wall 180
go to town 180
go to trial 175-176,180
go to war 180
go to waste 180
go to work on someone 180
go together 21,205
go too far 23
go toward(s) 206
go under 61,206
go under the hammer 207
go under the knife 207
go up 9,181
go up against 184
go up in flames [smoke] 185
go up in smoke 183
go up in the world 185
go up the wall 185
go well 208,250
go with 208
go with the tide [times, flow] 211
go without 211
go wrong 26,212

go-ahead run 189
go-ahead（形容詞の例） 189
go-ahead（名詞の例） 188
going 137
going easy 255
Gone into it. 23
good book 43
good times 235
Gorbachev 109
goverment pension 195
government persion program 153
grind 73
growth 60

【H】

hand 146
hang fire 163
health insurance programs 114
Health Maintenance Organization (HMO) 35
homeownership 122
homicide rate 145
House 231
House of Representatives 231
housing development project 206
human networks 138

【I】

ideal mate 177
imported cars 122
imports 220
in power 56
in the news 79
income tax cut 76,189,260
income tax rate 217,121
incumbent governor 183
infield single 19,114
Information Age 236
insist 174
institutional investors 218
interests 41
international community 92,118
Internet 70
Internet users 19,71

索　引

investment　188
IT　20
it [that] gose without saying　212

【J】

job-approval ratings　74
joint stock corporations　187
jump-start　13
juvenile crime　70

【K】

Kyoto agreement　14
Kyoto pact　14
Kyoto Protocol　14,221,249

【L】

land a job　195
large price tag　122
lasting peace　53
law enforcement　157,249
law enforcement officer　157
layoff package　122
learning problems　9
level　196
Liberal Democratic Party　176,225
library science　42
lie down　114
life expectancy　183
life insurance companies　188
lifelong learning　237
lifetime employment system　120,226
light bulb　43-44
like a ton of bricks　68
litigation society　34
loan　118,187
long way to go　250
look into　112
loud and clear　163
lowest income taxpayers　11

【M】

main bank　175
mainstream　23
major　144
manager　75
manuscripts　97
marger　74
marriage rate　225
mass killings　80
mass production　223
medical examiner　98
meke the NFL　211
member of parliament (MP)　177
middle age　138
middle class　69
military action　30
military force　109
mind you　133
minimum drinking age　22
minor　144
missile capabilities　29
missile defense program　218,259
model　81
model changes　171
mold　80-81
mousetrap　59
move into　15
MP　177
Mr. Right　108
murder cases　119
murderer　78

【N】

nasty rumor　186
National Energy Policy　18
National Football League (= NFL)　210
National Public Radio (=NPR)　129
natural gas　219
new life　77
new money　7

newspaper reporter 70
nonperforming loans 257
notion 103
nuclear weapons 27

[O]

occupational backgrounds 233
official development assistance (ODA) 173
oil price shock 223
old days 130
on the air 202
one size fits all 8
online 244
OPEC 65, 229
operating profit 73
opposition camp 189
order 175
Organization of Petroleum Exporting Countries (OPEC) 182
Osama bin Ladin 38
Out of sight, out of mind. 165
out of the same mold 81
out of work 193-194
overseas investment 198
over-the-counter market 136

[P]

pacemakers 162
part-time workers 120, 226
patience 39, 130
pay increase 94
pay through the nose 20
paycheck 217
payroll cuts 118
peace process 159
peace talks 93
peaceful 130
pension 224
pension program 138, 249
Pentagon 30
performance ii
personal computer 121
personal pockets 154

personal income tax 12
perspiration 66
place 57
plate 47
policeman 158
policy recommendations 70
political asylum 151
political scene 167
poll 178
press 24, 36
press briefing iii, 46
Press Secretary 17, 46
price of the stock 148
price range 122
primary care physician 35
primates 115
priority 9
privatization 187
production costs 65
professionals 43
promotion 118, 145
propose 175
public confidence 62
public education 9
public housing 84
public nursing care program 151-152
public schools 96
public security 161
public works 173
pull the wool over one's eyes 234
pullout 187
push 89

[R]

railway workers 84
rank 69
ranks 101
ratification 249
ratify 221
RBI 19, 114
real-estate market 63
realize 53
reasonable 196

索　引

receivership 151
receptive 70
recession 108, 222
rechargeable battery 224
rechargeable nickel-cadmium battery 121
recovery 149
referral 35
refinery capacity 182
reform policy 206
refugees 110
rehabilitation 249
Republican administration 121
Republican convention 113
request 175
restructuring 109
restructuring program [plan] 131
retired military personnel 43
retiring 152
right place 236
robust growth 60
rogue states 28
Roman Catholicism 205
romance 228
routines 38
run batted in 19
run for office 200

[S]

savings rate 234
scandal 62
school board 110
self-esteem 6
Senate 96, 219, 231
sense of direction 178
share prices 182
shootings 158
short hair 77
short skirts 77
sidelined 62
sign for the squeeze play 114
single mothers 264
skim through 235

small firms 180
smoke alarm 199
soccer-based sports-promotion lottery 73
software 81
solar battery system 222
standstill 240
State Department 176
state firms 206
stock market 16
strikeouts 113
subsidies 137
suggestions 111
supplementary budget 89
supplies 122
supply and demand 241
suspect 93, 175

[T]

tailspin 151
take effect 17
take-home pay 194
Taliban regime 38
tax break 10
tax cut 10, 13, 121, 150
tax plans 12
tax rebates 262
tax relief 10, 13
taxpayers 10
teacher shortage 144
teaching profession 43
technological advance 240
technology issues 62
teen drinking 22
teenage smoking 110
terrorist attacks on the U.S. 30
test 55
test scores 144
There's no going back. 143
three R's 211
through the roof 20
ticket 103
tip 89
Tokyo Stock Exchange 136

291

tolerance 25
tolerant 25
trade union 84,94
trauma 33
Treasury 73
Three Mile Island 20
trial 80
turn to 136

[U]

under fire 120
underage drinking 22
underdog 184
unilateral 29
unspent 137
unused 137

[V]

venture capital 259
veto 218
vibrating cell phone 199
video game machines 81

[W]

wage curbs 118

Wall 27,28
warranty 121,240
weaker yen 232
weapons of mass destruction 27
when it comes to 9,87
when it comes to the crunch 88
whodunit 219
win back 62
without any trouble 145
worker's rights 120,226
working group 226
working hours 92
World Trade Center (WTC) 30
World Trade Organization (WTO) 196
Worldwide Web 114
worst comes to the worst 95
write-off 187

[Y]

youthful indiscretions 98

[Z]

zero tolerance 25
zero-tolerance rule 25

[著者略歴]

根岸　裕（ねぎし・ゆたか）

1948年　東京生まれ

1972年　上智大学文学部社会学科卒業，共同通信社入社

1978-90年　海外部（英文ニュース編集）

1983-84年　豪日交流基金の記者交換プログラムでオーストラリア AAP 通信（シドニー）勤務

1987-90年　英文記者として東南アジア駐在

1990年　日本経済新聞社入社

2002年9月より　日経国際ニュースセンター・ニューヨーク支所長

著書：『ビジネス新語英訳事典』（共著，日本経済新聞社，1994年）/『日経・英文経済年鑑』（*Japan Economic Almanac*）（共著，日本経済新聞社，1996，1997年）/『トレンド日米表現辞典〈第3版〉』（共著，小学館，1998年）/『和英翻訳ハンドブック――新聞記事翻訳の現場から』（大修館書店，1999年）/『和英経済キーワード辞典』（研究社，1999年）/『ニュースに出るビジネス英単語』（日経BP社，2002年）

ホワイトハウスの英語塾 ―― come と go でここまで言える

© Yutaka Negishi, 2002

初版第1刷―――2002年10月10日

著者―――根岸　裕

発行者―――鈴木一行

発行所―――株式会社　大修館書店

〒101-8466　東京都千代田区神田錦町3-24

電話03-3295-6231（販売部）　03-3294-2357（編集部）

振替00190-7-40504

［出版情報］http://www.taishukan.co.jp

装丁者―――諏訪直子

印刷所―――藤原印刷

製本所―――難波製本

ISBN4-469-24478-3　Printed in Japan

Ⓡ 本書の全部または一部を無断で複写複製（コピー）することは，著作権法上での例外を除き禁じられています。